AF609509

GUIDE

DU

CHEF MINEUR,

A L'USAGE

DES EXPLOITANTS DU BASSIN ANTHRAXIFÈRE

DU

CANTON DE LA MURE,

DÉPARTEMENT DE L'ISÈRE,

Par MM. Henri GIROUD et Etienne ROLLAND.

GRENOBLE,

IMPRIMERIE DE A. BARATIER, GRAND'RUE, 4.

—

1859

GUIDE

DU

CHEF MINEUR,

A L'USAGE

DES EXPLOITANTS DU BASSIN ANTHRAXIFÈRE

DE LA MURE.

On appelle *terrains*, les masses minérales qui comprennent l'écorce du globe accessible à l'homme. Le canton de la Mure renferme trois espèces de terrains : Terrains.

Les schistes talqueux, vulgairement appelés *pierres de bois;*

Le terrain anthraxifère, qui repose sur les schistes talqueux;

Les calcaires qui recouvrent le terrain anthraxifère.

Les schistes talqueux ne renferment jamais d'anthracite. On ne doit pas y faire des recherches de combustible.

Les calcaires du canton de la Mure ont souvent

des schistes très-noirs, mais ne contiennent pas de couches d'anthracite; en les traversant, on peut arriver au terrain anthraxifère où gisent les couches exploitées.

Couches. On appelle *couches*, les substances minérales disposées par assises et limitées par des surfaces à peu près parallèles entre elles. Ces assises prennent le nom de *bancs*, lorsqu'il s'agit de couches de pierres de taille, d'ardoises, etc.; et de *lits*, lorsque les couches sont minces.

On appelle *mur*, le rocher sur lequel repose une couche; *toit*, le rocher qui la recouvre.

La direction d'une couche est la ligne horizontale tracée dans le plan de la couche. Ainsi, toutes les galeries de niveau, faites au toit et au mur d'une couche, en indiquent la direction;

Son *inclinaison* est donnée par la ligne de plus grande pente tracée dans le plan de la couche;

Sa *puissance* est l'épaisseur de la couche, mesurée par une perpendiculaire commune au toit et au mur;

Son *affleurement* est la partie de la couche qui se montre au jour.

L'*amontpendage* d'une couche, relativement à une galerie, est la partie de la couche qui se trouve au-dessus du niveau de cette galerie; l'*avalpendage* est la partie qui se trouve au-dessous.

Le mot *dépilage* signifie l'enlèvement complet ou l'épuisement de l'anthracite d'une couche ; et par le mot *dépiler*, on entend l'action d'enlever tout l'anthracite d'une couche.

Accidents des couches.

Le terrain anthraxifère de la Mure est composé de couches plissées ou ondulées dans toute leur étendue, et qui présentent une série alternative de *selles et de fonds de bateaux*, dont les axes rectilignes ou légèrement courbes, occupent toujours une position inclinée, et sont à peu près parallèles entre eux. Aussi les traverses au rocher, faites en ligne droite, atteignent plusieurs fois la même couche. (Voir pl. I, fig. 1.)

Les couches d'anthracite renferment fréquemment des lits de schistes noirs, qui prennent quelquefois une assez grande épaisseur, et divisent la couche en plusieurs parties, qu'il faut exploiter séparément. On rencontre également au milieu des couches des agmidales rocheuses de pyrites de fer et autres substances minérales appelées des *nerfs*, et connues dans le pays sous le nom de *codes*.

Étranglements.

Les couches, à la suite des perturbations qui ont occasionné leurs ondulations, lorsqu'elles n'étaient pas encore solidifiées, ont été étranglées et même quelquefois complétement supprimées par une compression entre les rochers du toit et du mur. Alors il reste presque toujours entre ces rochers un ou plusieurs filets de silice blanche, *quartz*, peu résistante. D'autres fois aussi, les couches sont renflées sur certains points. Par suite de ces contournements, l'anthracite se trouve souvent brisé et pétri; il est dès lors très-friable et forme ce que les ouvriers du bassin appellent de la *molle*.

Les couches, à la suite des perturbations souterraines, éprouvent aussi des rejets qui ne sont jamais considérables et qui sont appelés *escaliers* par les mineurs.

Description du bassin.

Le terrain anthraxifère de la Mure, qui repose sur les schistes talqueux, n'existe pas intégralement dans tout le bassin. Il n'a pu résister partout aux grandes alluvions qui ont ravagé ces contrées. Sur les pentes abruptes, il a été entièrement emporté, et les schistes talqueux sont dénudés. Sur quelques points on rencontre des poudingues anthraxifères enchevêtrés dans des roches talqueuses. Ailleurs, une partie seulement du terrain a été emportée, et, comme à la suite de ces érosions, les couches d'anthracite ont été mises à découvert, ce sont les premiers terrains qui ont été concédés.

Les nombreux travaux exécutés jusqu'à ce jour dans le bassin ont fait reconnaître, que lorsque le terrain anthraxifère existe dans son entier, il renferme cinq couches d'anthracite, ainsi que le représente la coupe prise dans la concession de la Motte-d'Aveillans. (Voir pl. I, fig. 1.)

La première de ces couches a 0^{m}80 centimètres de puissance ; elle vient seulement d'être découverte au moment où l'on imprime ce mémoire, et n'a pas encore été explorée sur une grande étendue. Cette couche est supérieure à la grande couche dont elle est séparée par une épaisseur d'environ 50 mètres de grès houiller. Elle doit prendre le n° 1 dans l'ordre géologique.

La deuxième couche, qui est appelée la *Rivoire* ou la *Grand'raye*, et plus communément la *grande couche*, a 12 mètres de puissance et donne de l'anthracite très-pur dont l'aspect est vitreux.

La troisième, qui est séparée de la Rivoire par un intervalle de 50 mètres, a 0^{m}90 de puissance ; elle est appelée *couche Henriette*.

La quatrième, qui est éloignée de 25 mètres de la troisième, a 2 mètres de puissance. Elle est formée de trois bancs séparés par des lits de schistes noirs. On l'appelle *couche des trois bancs*.

Enfin la cinquième, qui est à 15 mètres de distance de la quatrième, n'a que 0^{m}60 de puissance, et n'est exploitable que lorsqu'elle est très-inclinée. Elle est désignée sous le nom de *couche inférieure*.

Les galeries au rocher normales à la direction moyenne des couches les traversent plusieurs fois, comme cela a déjà été dit. C'est ainsi qu'on a reconnu que la *Croix*, la *Rivoire*, le *Faux-Filon* et la *Grand'-raye* ne forment qu'une seule et même couche, avec des pentes et des contre-pentes. Il en est de même des autres couches qui paraissent à la Motte et aux Creys. Il est très-probable que la grande couche exploitée à Puteville et au Peychagnard est la même que la Rivoire; seulement, il y a solution de continuité, par suite de la dénudation du terrain.

La région anthraxifère de la Mure, présentant des vallées et des montagnes, les gîtes de combustible sont exploités par des galeries d'écoulement et non par des puits. Ces derniers ne servent que pour la découverte des couches, l'aérage des travaux et l'écoulement des eaux dans l'intérieur des mines.

Travaux d'exploitation.

Nous allons considérer trois espèces de travaux d'exploitation :

1° Les travaux de recherches; 2° les travaux d'aménagement ou préparatoires; 3° les travaux de dépilage.

Travaux de recherches.

Nous appellerons travaux de recherches, les traverses au rocher, destinées à atteindre les couches. Elles servent à l'écoulement des eaux, à l'extraction du combustible et à l'aérage des travaux. Ces traverses doivent avoir 1^m60 de hauteur au-dessus des bandes, 1^m60 de largeur au niveau du sol de la galerie, et 1^m00 de largeur à la couronne. La pente doit être d'un centimètre par mètre. Toutes ces conditions sont de rigueur; pour cela, il faut donner aux ouvriers une mesure des dimensions indiquées, un panneau de rigole et un niveau de pente. Il faut que les chefs mineurs exercent une exacte surveillance; et qu'à chaque intervalle de 3 mètres d'avancement, le sol des galeries soit nivelé et un piquet de nivellement mis à demeure. La direction de ces traverses est toujours déterminée par des fils à plomb placés d'après les indications de la boussole. Le nivellement exact, la pose des piquets de nivellement à demeure, celle des fils à plomb pour déterminer la direction des traverses, les mesures des largeurs de galerie, sont également indispensables pour les travaux préparatoires que nous décrirons ci-après.

Le boisage des galeries consiste en une série de cadres formés chacun de trois pièces de bois, deux montants appliqués contre les parois de la galerie et un chapeau à la couronne. Les bois employés dans les mines doivent tous être écorcés; les étais formés d'un seul tronc d'arbre sont bien préférables, à volume égal, à ceux refendus. Les essences qui durent le plus longtemps dans les travaux, sont : l'accacia, le chêne et le frêne. Boisage des galeries.

La distance des cadres dépend de la poussée du terrain. Dans l'intervalle d'un cadre à un autre, le terrain est soutenu, quand cela est nécessaire, par des bois de garnissage, ordinairement des *dosses*, que les ouvriers appellent *écoins*. Si l'on redoute le rapprochement des deux montants ou leur enfoncement, on fait porter le poids de ceux-ci sur un autre morceau de bois placé transversalement sur le sol, et qu'on appelle *semelle;* enfin, si le terrain manque complétement de consistance, on place d'abord sur ce sol mouvant une rangée ou lit de *dosses*, et la semelle dont il vient d'être question est ensuite posée transversalement sur ces *dosses* ou *écoins*. L'ouvrier doit avoir soin de ne pas laisser de vide autour du boisage, et par conséquent de tailler le terrain le plus régulièrement possible. Dans le cas où il se ferait de petites cloches ou éboulements, il tâcherait de les remplir, après avoir mis le cadre en place. Si le vide était trop grand, il faudrait employer des fascines.

Les boisages exigent un entretien soigné; il faut remplacer, le plus tôt possible, les morceaux de bois qui ont cédé à la pression du terrain, ou mettre un cadre neuf à côté de celui qui est endommagé, et que le plus souvent on laisse en place. Le plus léger retard dans ces réparations les rendrait plus coûteuses. Il faut éviter de laisser porter la charge du terrain sur un seul point des étais; c'est pour cela qu'on *décharge* les cadres, c'est-à-dire qu'on enlève les quelques morceaux de rocher ou d'anthracite qui pèsent plus particulièrement sur certains cadres, afin de répartir le poids également sur un plus grand nombre.

Lorsque le terrain est ébouleux, au point de ne pouvoir se soutenir lui-même sur un intervalle égal à la distance entre deux cadres, on fait avancer à coups de masse les bois de garnissage qui s'appuient sur le pourtour du premier cadre. Ces bois destinés à supporter les parois de la galerie au fur et à mesure que le terrain est excavé, sont des dosses jointives de 1m20 à 1m50 de longueur, choisies de manière qu'elles n'aient point d'aspérités à leurs surfaces. On introduit au besoin, en arrière du cadre, un petit rouleau en bois entre la dosse déjà en place et celle qu'on veut faire avancer à coups de masse, afin qu'elle glisse plus facilement. On parvient ainsi à pousser ces dosses jusqu'au point où se place le second cadre, et on recommence sur ce second cadre le même travail que sur le premier; c'est ce que les ouvriers appellent *faire marcher les avances*. Plus le terrain est ébouleux, plus les cadres doivent être rapprochés l'un de l'autre.

Pour placer les cadres avec précision, on fait au milieu de chaque chapeau une légère entaille qui doit correspondre avec un cordeau placé dans l'axe de la galerie, et on présente le niveau sous le chapeau, pour s'assurer qu'il est placé horizontalement. L'inclinaison des montants d'un même cadre doit être, pour chacun d'eux, à peu près le cinquième de la hauteur de la galerie, mesurée du sol sous le chapeau.

Le muraillement avec sable et mortier est préférable au boisage toutes les fois que la galerie, dont on veut soutenir les parois, doit avoir une longue durée, et qu'on peut se procurer, sans de trop grandes dépenses, les matériaux nécessaires.

On est appelé fréquemment à faire des puits, soit dans le rocher pour découvrir les couches, soit dans l'anthracite pour l'aérage. On les fait toujours rectangulaires et aussi étroits que possible. Il faut surveiller exactement l'exécution de ce travail sous le rapport des dimensions, et placer aux quatre angles de l'orifice du puits des ficelles qui portent des plombs, pour s'assurer de la verticalité des parois. Les puits doivent, autant que cela est praticable, être percés de manière que leur plus grande dimension soit perpendiculaire à la direction des bancs de rocher ou d'anthracite, ce qui ajoute beaucoup à leur solidité.

Travaux préparatoires.

Dans la disposition générale des travaux d'une mine, on doit se proposer de satisfaire aux conditions suivantes :

1° Faciliter l'écoulement ou l'épuisement des eaux qui arrivent dans les excavations;

2° Rendre les transports souterrains commodes et

peu dispendieux ; il est nécessaire pour cela de ne laisser jamais entre deux galeries *principales d'exploitation*, une différence de niveau moindre de 25 mètres et plus grande que 28. Une longue expérience a appris que si cette différence est moindre de 25 mètres, on ne tire pas un parti suffisant de la dépense qu'occasionne l'ouverture des galeries principales ; et que si elle excède 28 mètres, le traînage intérieur devient trop long et trop coûteux ;

3° Faire circuler un volume d'air suffisant dans toutes les excavations où les ouvriers sont obligés de passer et de stationner ;

4° Rendre l'abattage facile et économique ; enlever la totalité de l'anthracite sans danger pour l'ouvrier ; éviter par conséquent dans les dépilages les trop grandes excavations dont on ne peut être maître avec des boisages, et loger néanmoins tous les *menus anthracites* que le public ne veut pas consommer, et tous les déblais ;

5° Avoir des ateliers d'exploitation prêts à recevoir les ouvriers dont les tailles sont finies ;

6° Eviter soigneusement d'ouvrir trop longtemps à l'avance dans l'anthracite un grand développement de galeries, dont l'entretien est toujours dispendieux ; arriver, le plus promptement possible, au dépilage des couches ; l'abattage étant bien plus économique lorsqu'on *dépile* qu'au moment où l'on pratique des galeries d'allongement ou des traverses.

Par suite des nombreux plissements qu'elles ont éprouvés, les couches du bassin anthraxifère de la Mure se présentent dans des dispositions verticales ou inclinées. Elles ne sont horizontales que sur une faible étendue. Les travaux exigent des modifications suivant que l'inclinaison de ces couches est inférieure ou supérieure à 45 degrés.

Nous allons d'abord décrire ceux qui doivent être pratiqués dans une grande couche, dont l'inclinaison est au-dessus de 45 degrés. Nous nous occuperons ensuite d'une grande couche, dont l'inclinaison est au-dessous de 45 degrés, et enfin des couches de moindre puissance et de diverses inclinaisons.

Travaux préparatoires dans une grande couche, dont l'inclinaison est supérieure à 45 degrés.

Nous supposons qu'on est arrivé dans la grande couche, au point A, pl. I, fig. 2, par une traverse au rocher et une galerie d'allongement au toit; qu'à ce point, il existait déjà un puits de recherche AA^1, fait au toit, en descendant de la galerie supérieure suivant l'inclinaison de la couche; que cette galerie supérieure est déjà entièrement dépilée, sauf la partie nécessaire pour l'aérage, entre le point A^1 et le jour. Nous supposons encore que la différence de niveau entre les points A et A^1, où l'amontpendage de la couche au point A est égal à 27^m20 de hauteur. On mène suivant le toit de la couche une galerie d'allongement A A^2 A^3 A^4, où l'on place un chemin de fer avec une pente d'un centimètre par mètre. Cette pente est celle qui est donnée rigoureusement à toutes les galeries, sauf celles à contre-sens, ainsi que nous l'expliquerons ci-après, et les galeries montantes. Cette galerie d'allongement est poussée dans le même sens jusqu'à la limite du champ d'exploitation. Au fur et à mesure que cette galerie A A^2 A^3 A^4 avance dans la couche, on pratique d'abord au point A^2 distant d'environ 10 mètres du point A, et ensuite de 50 mètres en 50 mètres des galeries montantes A^2 B, A^3 C, A^4 D, etc., etc., qu'à l'avenir nous appellerons simplement montantes, qui permettent le passage des ouvriers et la descente des anthracites dans de grands paniers auxquels sont fixés deux sabots ferrés. Ces paniers, qui contiennent chacun 150 kilogrammes d'anthracite, sont traînés dans les montantes au moyen de ces deux sabots, et sont appelés *panières* par les ouvriers du bassin anthraxifère.

Ces montantes partent de la galerie d'allongement à une hauteur de 0m80 au-dessus du chemin de fer, et sur une première longueur d'environ trois mètres, sont menées carrément à la direction de la couche avec une pente de 5 centimètres par mètre (pl. II, fig. a, b, c); elles sont ensuite dirigées avec une pente invariable de 25 centimètres par mètre, de manière à rejoindre bientôt le toit contre lequel elles sont tracées dans le même sens, sur toute leur longueur, dans l'amontpendage de la couche, jusqu'à la limite du champ d'exploitation.

En commençant ces galeries montantes, on leur a donné seulement cinq centimètres de pente, afin de pouvoir entreposer quelques *panières* remplies d'anthracite en attendant leur chargement sur les wagons plats ; et c'est pour rendre ce chargement plus facile qu'on a ménagé entre ces montantes et le chemin de fer cet escalier de 80 centimètres de hauteur, que l'on appelle *chargeoir* dans le bassin anthraxifère. La galerie du chemin de fer a un peu plus de hauteur dans ses points de jonction avec les montantes, pour faciliter les ouvriers chargeurs. Les figures a, b et c, pl. II, représentent la projection horizontale, la projection verticale et la coupe d'un de ces *chargeoirs. (Voir la note 1 ci-après.)*

Dans chacune des montantes, on place des piquets de nivellement aux points B, B^1, B^2, B^3 pour la première ; C, C^1, C^2, C^3 pour la deuxième montante, et D, D^1, D^2, D^3 pour la troisième, qui divisent ces montantes en cinq intervalles égaux. Cette division étant faite, après avoir retranché la hauteur de l'*escalier* ou *chargeoir*, dont il vient d'être question, et qui demeure réservée, chacun de ces intervalles est égal à $5^{m}28$ de différence de niveau, puisque nous avons supposé que l'amontpendage de la couche au point A est de $27^{m}20$.

Au point B de la première montante, pl. I, fig. 2, à 21^{m}92 au-dessus de la galerie A A^2 A^3 A^4, on a mené une galerie d'allongement au toit de la couche, avec une pente d'un centimètre par mètre. Elle a été poussée jusqu'au point E, à 5^{m}50 de la seconde montante A^3 C, avec laquelle cette galerie d'allongement n'aurait pu faire une communication utile pour le parcours des travaux. Nous verrons bientôt cette communication s'établir d'une manière beaucoup plus facile entre ces deux galeries. Au point C de la deuxième montante A^3 C, on a mené de la manière qui vient d'être décrite une galerie d'allongement au toit de la couche, jusqu'au point E^1, à 5^{m}50 de la troisième montante A^4 D. A ce point C, pl. I, fig. 2 et 3, on a mené, toujours avec une pente d'un centimètre par mètre, une galerie carrément à la direction moyenne de la couche. Cette galerie, qu'on appelle *traverse*, est venue atteindre le mur en E^2. Au point D de la troisième montante A^4 D, on a également mené une traverse carrément à la direction moyenne de la couche, qui est venu atteindre le mur en E^3; et ainsi de suite pour chaque montante. On a fait ensuite communiquer toutes ces traverses entre elles par une galerie d'allongement E^2 E^3 au mur de la couche. Ces traverses et ces avancements au mur, qui ne peuvent être représentés dans la pl. I, fig. 2, sont tracés dans la fig. 3.

Au point F de la traverse C E^2, pl. I, fig. 3, à deux mètres de la galerie d'allongement suivant le toit, on a mené parallèlement à ce toit et avec une contre-pente d'un centimètre par mètre, une petite galerie F F^1 d'environ 13 mètres de longueur. Parvenue au point F^1, cette petite galerie a été détournée carrément à droite, et a communiqué au point E avec la galerie d'allongement B E. Une contre-pente aussi légère dans une galerie de cette longueur, présente peu d'inconvénients pour l'écoulement des eaux. Une galerie F^2 F^3, dans des conditions entièrement semblables, a été menée de la traverse D E^3 au point F^3; elle a encore été détournée carrément à droite et a communiqué au point E^1 avec la galerie d'allongement C E^1.

Des galeries d'allongement au toit et au mur de la couche, des traverses, de petites galeries entièrement semblables à celles qui viennent d'être décrites dans les paragraphes précédents, seront aussi pratiquées aux points B^1, B^2, B^3 de la première montante, C^1, C^2, C^3 de la deuxième, D^1, D^2, D^3 de la troisième, et ainsi de suite jusqu'à la limite du champ d'exploitation. Ces travaux préparatoires ne s'exécuteront qu'au fur et à mesure qu'on sentira le besoin d'avoir de nouvelles tailles pour placer des ouvriers. Ils seront faits en descendant successivement de l'étage supérieur à l'étage inférieur, c'est-à-dire dans un ordre parallèle à celui qui sera suivi par les dépilages, ainsi que nous le verrons ci-après.

La couche, dans son amontpendage au point A, que nous avons supposé égal à $26^{m}40$ de hauteur, après en avoir retranché les 80 centimètres de hauteur du chargeoir qui demeurent réservés, sera ainsi divisée en cinq tranches égales de 5 mètres 28 centimètres d'épaisseur, qu'on peut en quelque sorte comparer aux divers étages d'une maison. Dans chaque tranche ou étage, il y aura une galerie d'allongement suivant le mur, et sauf de très-légères interruptions, une galerie d'allongement suivant le toit. Ces deux galeries communiqueront entre elles par des traverses menées de 50 mètres en 50 mètres du toit au mur, vis-à-vis chaque montante et par de petites galeries pratiquées dans l'anthracite, près de l'entrée de chacune de ces traverses. Ces étages auront une pente régulière d'un centimètre par mètre, qui conservera entre eux la même épaisseur de $5^{m}28$. Les galeries ayant $1^{m}80$ de hauteur, ou 2 mètres au plus, seront séparées d'un étage à l'autre par un massif d'anthracite de $3^{m}30$ à $3^{m}50$ d'épaisseur. Les galeries d'allongement au toit et au mur et les traverses laisseront entre elles de larges piliers d'anthracite qui n'auront point été attaqués.

Dépilage dans une grande couche dont l'inclinaison est supérieure à 45 degrés.

Pour dépiler les charbons ainsi préparés, il faut se porter au point le plus avancé de l'étage le plus élevé, c'est-à-dire au point D (pl. I, fig. 2). On enlève successivement tout l'étage D C B, en reculant de D en C et de C en B. cet étage étant entièrement abattu, on épuise de même l'étage D^1 C^1 B^1, qui lui est immédiatement inférieur, et ainsi de suite jusqu'à ce que l'on soit arrivé au niveau de l'étage le plus bas. Dans chaque étage, la manière d'enlever l'anthracite est entièrement semblable. Nous avons déjà supposé que la grande couche, dans sa partie supérieure à l'étage D C B, avait été entièrement dépilée, sauf les piliers nécessaires pour la conservation de la galerie d'aérage, entre le point A^1 et le jour. Afin d'apporter plus de clarté dans l'explication qui va suivre, nous supposerons encore qu'on a commencé à épuiser, en suivant notre méthode, une partie de cet étage D C B, et nous allons décrire la marche à suivre pour enlever le large pilier G G^1 G^2 G^3 (voir pl. II, fig. 1), qui en fait partie et qui est encore intact.

Entre les points G, H et G^1, H^1, il existe deux murailles en pierres sèches qui retiennent les menus anthracites et les déblais provenant du dépilage du pilier contigu que nous avons déjà supposé entièrement enlevé. Ces murailles, qui sont indiquées par une double ligne ponctuée, ont été élevées au moment où l'on terminait ce dépilage. Elles sont faites avec des morceaux de grès que l'on obtient par l'abattage de l'anthracite, avec lequel ils sont fréquemment mélangés.

Dans la galerie suivant le toit entre les points H^2, H^3, à environ 2 mètres en arrière de la muraille G H, un ouvrier mènera une traverse de 1m50 de largeur, de manière que le pilier d'anthracite, qui sera compris entre cette traverse et le dépilage précédent, aura à peu près 2 mètres d'épaisseur. Cette traverse viendra communiquer, entre les points H^4, I, dans la galerie d'allongement sur le mur qui a été pratiquée lors des travaux préparatoires.

L'ouvrier démolira la muraille en pierres sèches qui existe entre les points G^1, H^1, et construira une muraille entièrement semblable entre les points I, I^1, pour empêcher la galerie d'allongement sur le mur d'être obstruée. Avec des déblais retirés du dépilage précédent, il bourrera toute la petite galerie H^4 G^1 H^1 I^2 jusqu'à la hauteur de la couronne, et, pour retenir les déblais, élèvera sur l'alignement de sa traverse une autre muraille en pierres sèches entre les points H^4, I^2. L'ouvrier accumulera ensuite sous ses pieds les menus anthracites ou déblais qu'il se sera ménagés, et s'élèvera sur le mur en suivant la direction de sa traverse. Si le mur de la couche était presque vertical, et si les menus ou déblais n'étaient pas suffisants, il détacherait quelques-unes des pierres les plus élevées de la muraille H^4, I^2, pour attirer à lui les déblais du dépilage précédent, et abattrait une certaine quantité d'anthracite pour exhausser la couronne de la petite galerie $H^4 G^1 H^1 I^2$, et de la portion de la traverse qui est contiguë; il commencerait au besoin la construction d'une autre muraille en pierres sèches, entre les points H^4, I, pour empêcher sa traverse d'être obstruée. L'ouvrier parviendra ainsi à percer entre les points I^3, I^4, dans les déblais de l'étage supérieur que nous avons supposé déjà dépilé. Cette percée sera faite en se rapprochant le plus possible du mur de la couche, pour avoir plus de solidité et mieux enlever l'anthracite qui adhère à ce mur.

Après avoir communiqué dans les dépilages supérieurs, l'ouvrier sera placé dans la traverse qu'il a déjà faite, entre les points J, H^4, distants l'un de l'autre d'environ 1m50; il mènera une petite galerie qui cotoyera l'alignement de la galerie contiguë $H^4 G^1 H^1 I^2$, et viendra percer dans les dépilages précédents entre les points J^1, G^1. ces petites galeries sont désignées dans le bassin anthraxifère de la Mure sous le nom d'*œillet*. La pose de quelques étais avec des bois de garnissage est nécessaire pour retenir les déblais sur la droite de l'ouvrier, au fur et à mesure qu'il avance dans la petite galerie ou *œillet* J $J^1 G^1 H^4$. ces bois sont ensuite enlevés et cet *œillet* bourré jusqu'à sa couronne avec des déblais retirés du dépilage précédent. Pour contenir ces déblais, une muraille en pierres sèches sera construite dans l'alignement de la traverse entre les points J, H^4. L'ouvrier mènera ensuite, entre les points J^2, J, une petite galerie ou *œillet* entièrement semblable, en prenant encore la précaution de placer quelques boisages sur sa droite. Il viendra percer dans les vieux dépilages, entre les points J^3, J^1, il remblaiera tout cet œillet $J^2 J^3 J^1$ J jusqu'à la hauteur de la couronne, avec des déblais retirés des vieux dépilages, et, pour les retenir, construira une nouvelle muraille en pierres sèches dans l'alignement de sa traverse, entre les points J^2, J.

Ce travail achevé, l'ouvrier remblaiera, toujours avec des déblais attirés de l'étage supérieur, d'abord la traverse depuis les points J^2, J^4 jusqu'au mur de la couche, ensuite toute la montante sur le mur jusqu'à la percée dans les dépilages supérieurs en I^3, I^4. ce remblaiement sera fait à peu près jusqu'aux 2/3 de la hauteur des galeries, en reculant de J^2, J^4 jusqu'aux points I^3, I^4, de manière à permettre encore le passage de l'ouvrier, marchant avec les genoux et les mains sur les déblais déjà déposés.

L'ouvrier se reportera entre les points J^2, J^4 et s'élèvera sur ces déblais en boisant, si cela est nécessaire, avec une pente de 50 centimètres par mètre, jusqu'à ce qu'il ait devant lui un gradin ou *remorse* d'anthracite d'environ 1^m40 de hauteur, ce qui correspond à peu près aux 2/3 de la hauteur d'une galerie de dépilage à laquelle on donne ordinairement une plus grande élévation que dans les travaux préparatoires. *(Voir la note 2 ci-après.)* Il avancera alors horizontalement jusqu'au mur de la couche, en abattant ce gradin, et formera, dans l'anthracite, une galerie horizontale $K K^1 K^2 K^3$ (pl. II, fig. 2) d'environ 3 à 4 mètres de longueur. Parvenu au mur de la couche, l'ouvrier abattra, jusqu'à la hauteur de la couronne, l'anthracite compris entre la paroi gauche de cette galerie $K K^1 K^2 K^3$ et les dépilages précédents, et qui repose déjà sur les déblais. Il s'y prendra exactement de la manière qui vient d'être décrite pour le pilier $J^2 H^4 G^1 J^3$ (pl. II, fig. 1), et n'éprouvera pas de plus grandes difficultés. Si le pilier était plus long, le nombre des *œillets* à percer serait seulement plus considérable. L'excavation produite sera bourrée avec des déblais attirés de l'étage supérieur, et pour les retenir, une muraille semblable aux précédentes sera construite sur le côté gauche de la galerie $K K^1 K^2 K^3$ dans l'alignement des anthracites qui viennent d'être enlevés.

L'ouvrier remblaiera de nouveau, de la manière qui vient d'être décrite, la galerie $K K^1 K^2 K^3$ (pl. II, fig. 2), depuis le point K jusqu'à la percée dans les dépilages supérieurs. Ce remblaiement sera toujours fait aux 2/3 de la hauteur de la galerie, et en reculant de K jusqu'à cette percée.

L'ouvrier s'élèvera encore à partir du point K, avec une pente de 50 centimètres par mètre, jusqu'à ce qu'il ait un nouveau gradin ou *remorse* d'anthracite d'environ $1^{m}40$ de hauteur. Il marchera alors horizontalement, en boisant et en abattant ce gradin ; il formera une petite galerie horizontale L L^1 L^2 L^3 (pl. II, fig. 2), qui viendra aboutir au mur de la couche, près de la percée dans les déblais du dépilage supérieur, et n'aura à sa couronne qu'une épaisseur de 50 à 60 centimètres d'anthracite au plus, pour la protéger contre les déblais de ce dépilage. La pose des cadres est indispensable pour mener cette galerie, afin de prévenir les éboulements.

Arrivé sur le mur, l'ouvrier attaquera encore l'anthracite compris entre le côté gauche de la galerie L L^1 L^2 L^3 et les dépilages précédents, et qui repose sur les déblais; il y fera un *œillet* de $1^{m}50$ de largeur environ, le plus rapproché possible du mur de la couche, et qui viendra communiquer dans les dépilages antérieurs. L'ouvrier détachera d'abord l'anthracite qui pourra se trouver entre cet *œillet* et ces dépilages en avant de l'*œillet* et ensuite sur sa droite du côté du mur de la couche. Il enlèvera celui des cadres qui est le plus avancé vers les vieux dépilages. Le poids des déblais supérieurs fera très-probablement tomber l'anthracite de la couronne de cet œillet. Cet anthracite sera promptement retiré seul ou avec quelques déblais s'ils sont mobiles. Dans le cas où cet anthracite ne tomberait pas, l'ouvrier, sans s'exposer, en déterminerait la chute au moyen d'un levier en fer rondin. En reculant successivement, il enlèvera de la même manière, d'abord le deuxième et le troisième cadre de l'*œillet*, ensuite les cadres de la partie de la galerie L L^1 L^2 L^3 qui correspondait à cet *œillet*, et retirera tout l'anthracite au fur et à mesure de sa chute. Il établira dans cette galerie L L^1 L^2 L^3, en travers, et à l'angle même où avait été ouvert l'*œillet*, une muraille semblable aux précédentes pour retenir les déblais.

En s'y prenant exactement de la manière qui vient d'être décrite, et en faisant, si cela est nécessaire, un second *œillet* de 1^m50 de largeur, l'ouvrier enlèvera tout l'anthracite qui était compris entre les dépilages précédents et la paroi gauche de la galerie L L^1 L^2 L^3 et celui qui protégait la couronne de cette galerie. Parvenu au point L où la traverse reprend sa pente, il y établira une muraille pour prévenir l'envahissement de cette traverse par les déblais.

Ce premier dépilage terminé, l'ouvrier se reportera dans sa traverse aux points M, M^1 (pl. II, fig. 1), distants d'environ 5 mètres des points J^2, J^4; c'est ce qu'on appelle dans le bassin anthraxifère *prendre de la course*. Il recommencera pour le pilier M J^2 J^3 M^2, exactement et dans le même ordre, tout le système d'exploitation qui vient d'être décrit pour le pilier $J^2 H^4 G^1 J^3$, et parviendra à le dépiler de la même manière. La planche II, fig. 3, indique la série des galeries montantes et horizontales qui seront successivement pratiquées pour le dépilage de ce pilier $M J^2 J^3 M^2$. L'ouvrier attaquera ensuite le pilier du toit $M^3 M M^2 H$ qui ne présentera pas de plus grandes difficultés. Celui-ci enlevé, il abattra de la manière déjà décrite le pilier $H^3 M^4 N I$, le plus rapproché de celui qui vient d'être dépilé, et qui est resté tout à fait intact, et ainsi de suite. On voit que ce sera toujours la répétition de la même méthode, et qu'on parviendra à enlever complétement le large pilier $G G^1 G^2 G^3$. Après ce pilier, on pourra dépiler de la même manière le large pilier qui le suit. *(Voir la note 3 ci-après.)*

Nous venons de dire que l'enlèvement du pilier $M^3 M M^2 H$ près du toit, ne présentera pas de plus grandes difficultés que celui des piliers qui le précèdent. Cela est vrai, lorsque l'inclinaison du toit est peu différente de 45 degrés, et qu'en s'élevant de 1^{m}40 au-dessus du niveau de l'étage, l'ouvrier rencontre bientôt ce toit sur sa tête. Si l'inclinaison de ce toit approchait au contraire de la verticale, la *course*, pour employer l'expression usitée dans le bassin anthraxifère, manquerait à l'ouvrier pour atteindre les anthracites élevés de près de 5 mètres au-dessus des points H, M_3, H^2, G (pl. II, fig. 1). Dans ce cas, on continuerait ce dépilage autant que cela serait possible, et quand l'ouvrier serait arrêté faute de *course*, il remblaierait avec des déblais attirés de l'étage supérieur la galerie $M^3 N^1 M^1 M$ jusqu'aux 2/3 de sa hauteur, ainsi que la portion $M^3 H^2$ G H de l'ancienne galerie suivant le toit. Il ferait ensuite une muraille en pierres sèches, entre les points N^1, H^3, pour empêcher la galerie d'allongement suivant le toit d'être obstruée. Le dépilage serait suspendu jusqu'à ce que celui du pilier $H^3 M^4$ N I fut également arrivé près du toit. Alors on emprunterait de la *course* dans la galerie d'allongement suivant le toit $M^3 N^2 M^4 H^2$, et le dépilage suspendu serait achevé facilement. Cette suspension momentanée d'un dépilage présente peu d'inconvénients, lorsqu'on a soin de remblayer les galeries jusqu'aux 2/3 de leur hauteur.

Jusqu'à présent il n'a été question que d'un seul ouvrier employé dans le dépilage que nous venons de décrire. Il est cependant très-important de pouvoir grouper un certain nombre d'ouvriers les uns près des autres, sans qu'ils se gênent mutuellement. Lorsque la traverse $H^2 H^3$ I H^4 (pl. II, fig. 1) sera avancée à peu près jusqu'aux 2/3 de la longueur qu'elle doit avoir, un deuxième ouvrier pourra commencer la traverse $M^4 N^3 N^4$ N, séparée de la première seulement par un pilier de 2 mètres d'épaisseur. Ce deuxième ouvrier étant parvenu à son tour à peu près aux 2/3 de la longueur de sa traverse, un troisième ouvrier mènera la troisième traverse qui est encore indiquée sur la même figure, et ainsi de suite. Le premier de ces ouvriers arrivera naturellement avant tous les autres en I^3, I^4, points extrêmes de sa course; il commencera alors sa marche rétrograde dans sa traverse, pour dépiler son pilier en revenant vers le toit de la couche. Lorsque ce premier dépilage sera un peu avancé, le deuxième ouvrier pourra commencer le sien sans être gêné. Le troisième ouvrier commencera son dépilage à son tour, etc., etc. La succession de ces travaux échelonnés les uns près des autres, suppose seulement que les ouvriers suivent une marche uniforme et parallèle, ce que l'on obtient aisément, en faisant remplacer ceux qui sont malades ou qui s'absentent, afin qu'une taille ne reste pas en arrière, car elle arrêterait forcément toutes les autres.

Dépilage simultané de plusieurs larges piliers, dans le même étage d'une grande couche, dont l'inclinaison est supérieure à 45 degrés.

Le nombre des ouvriers dont nous venons de parler n'est pas encore assez grand pour former un atelier considérable. Les travaux préparatoires sont dispendieux à entretenir, ainsi que nous l'avons déjà dit; il ne faut les ouvrir qu'au fur et à mesure qu'on a besoin de nouvelles tailles de dépilages. Cela a fait sentir la nécessité d'enlever à la fois plusieurs larges piliers dans un même étage, pour obtenir la concentration d'un grand nombre d'ouvriers. On y est parvenu de la manière suivante, sans que le dépilage d'un de ces larges piliers apporte la moindre gêne au dépilage des autres.

La planche II, fig. 4 et 5, représente exactement les mêmes travaux préparatoires que la planche I, fig. 2 et 3. Ce sont les mêmes montantes, les mêmes galeries d'allongement au toit et au mur, reliées entre elles par des traverses et de petites galeries qui font communiquer les galeries d'allongement au toit avec les montantes. Nous supposerons encore que la portion de la couche qui existait au-dessus de l'étage D C B est déjà dépilée, sauf les piliers nécessaires pour conserver le puits A A^1 et l'ancienne galerie entre le point A^1 et le jour, qui sont toujours indispensables pour l'aérage. Il s'agit de dépiler le large pilier C B E^4 E^2, en même temps que le large pilier C E^2 E^3 D, qui tous les deux font partie de l'étage D C B, et sans que l'un de ces dépilages nuise à l'autre.

Un ouvrier sera placé au point E (pl. II, fig. 5), où la petite galerie F^1 E a communiqué avec la galerie d'allongement au toit B E, et commencera le long du toit, avec la pente de 25 centimètres par mètre, une galerie montante E O (pl. II, fig. 4) qui marchera tout à fait parallèlement à la direction de la montante

C^1 C, et en sera séparée par un massif d'anthracite d'une épaisseur au moins de 5^m50, mesurés horizontalement, depuis le couronnement de cette montante C^1 C jusqu'au point E. Cette montante viendra percer dans les dépilages de l'étage supérieur au point O. Dès qu'il aura reconnu ces dépilages par une très-petite ouverture, l'ouvrier redescendra dans sa montante et commencera en O^1 une traverse de 1^m30 de hauteur et de 1^m10 de largeur seulement, de manière que cette traverse soit garantie des déblais supérieurs par un massif d'anthracite d'environ 40 à 50 centimètres d'épaisseur. Il mènera cette traverse comme les autres, carrément à la direction moyenne de la couche, avec une pente d'un centimètre par mètre, jusqu'à ce qu'elle soit arrivée au mur.

Cette traverse ne peut être représentée dans la pl. II, fig. 4, que par la lettre O^1 placée au point de la montante où elle a été commencée; dans la fig. 5, même planche, elle est indiquée par des lignes ponctuées et par les lettres O^1, O^2, placées à chacune de ses extrémités; elle se trouvera, à peu de chose près, dans les mêmes conditions que la galerie horizontale L L^1 L^2 L^3, dont il a été question dans les paragraphes précédents (voir pl. II, fig. 2); elle sera seulement un peu plus longue, et l'anthracite qui existe sur la gauche de l'ouvrier, en allant du toit au mur, aura la forme d'un prisme. Néanmoins, l'ouvrier parviendra à la dépiler complétement en pratiquant dans ce prisme des espèces d'œillets ou petites galeries montantes avec une pente conforme à celle de la galerie E O, et en agissant d'une manière analogue à celle qui a déjà été décrite pour cette galerie L L^1 L^2 L^3. il faudra seulement placer des cadres un peu plus courts, et les rapprocher davantage les uns des autres.

Pendant que le premier ouvrier sera occupé à mener la traverse O^1 O^2 et à la dépiler (pl. II, fig. 5), un second ouvrier sera placé en descendant encore dans la montante au point O^3 ; il y pratiquera une nouvelle traverse parallèle à la précédente, et laissant entre elles deux un pilier d'anthracite de 1m50 à 2 mètres d'épaisseur. Cette deuxième traverse est désignée dans la pl. II, fig. 4, par la seule lettre O^3, et dans la fig. 5, par les lettres O^3, O^4, placées à chacune de ses extrémités.

Nous rentrons dans un ordre de travaux presque semblable à celui que nous avons déjà largement décrit, car cette traverse O^3 O^4 aura une grande analogie avec la traverse H^2 H^3 I H^4 (pl. II, fig. 1). Le massif d'anthracite, au-dessus de la couronne, sera seulement un peu moins épais. Cette traverse O^3 O^4 sera donc dépilée de la même manière au moyen d'œillets ou petites galeries montantes, avec une pente conforme à celle de la galerie E O; seulement ces petites galeries montantes auront un peu moins de longueur que dans le dépilage de la traverse $H^2 H^3 I H^4$, à cause de la moindre épaisseur du massif.

Les divers ouvriers redescendront ainsi dans la montante O E, en pratiquant successivement, à chaque intervalle de 1m50 à 2 mètres, des traverses, et en les dépilant comme les précédentes, jusqu'à ce qu'ils soient arrivés au point E (pl. II, fig. 4 et 5), où ils retrouveront le niveau de l'étage D C B. La petite traverse $E F^1$ sera alors poursuivie et menée jusqu'au mur de la couche au point B^4, et jusqu'aux déblais de l'étage supérieur. Le pilier $E B E^4 B^4$, reste du large pilier dont nous nous occupons, sera dépilé suivant la méthode ordinaire. Pendant ce temps, d'autres ouvriers pourront enlever, en suivant cette méthode, le large pilier $C E^2 E^3 D$. Il est resté entre les montantes E O et C^1 C un massif d'anthracite qui a été conservé sur toute l'épaisseur de la couche, par la précaution qu'on a eue de mener, avec une pente conforme à celle de la montante E O, tous les œillets du dépilage des diverses traverses $O^1 O^2$, $O^3 O^4$, etc., etc.; ce massif est bien suffisant pour protéger la montante C^1 C, par laquelle doivent nécessairement passer les ouvriers occupés au dépilage de ce pilier $C E^2 E^3 D$.

Lorsque le dépilage de ce pilier $C E^2 E^3 D$ approchera de sa fin, le petit pilier en forme de prisme qui existe entre les traverses C E^2 et E B^4 se trouvera dans des conditions ressemblant un peu à celles où était le prisme ou coin d'anthracite compris entre la traverse O^1 O^2 dont nous venons de parler, et les déblais de l'étage supérieur. Ces conditions seront même plus défavorables, parce que ce pilier sera beaucoup plus large, et que cette traverse C E^2 devra être dépilée simultanément à gauche et à droite. Cela présente de plus grandes difficultés, mais on peut les surmonter avec un peu plus de dépenses en main d'œuvre, et des boisages soigneusement placés. *(Voir la note 4 ci-après.)*

Il serait possible de dépiler à la fois tous les larges piliers d'un même étage, dans une grande couche dont l'inclinaison est supérieure à 45 degrés. Cela n'est pas nécessaire, et rendrait les dépilages plus coûteux. Il suffit d'introduire, par les moyens que nous venons d'indiquer, un nouveau mode ou temps de dépilage, à des intervalles de 100 ou 150 mètres de longueur dans le même étage d'une grande couche, pour obtenir la concentration d'un grand nombre d'ouvriers. On profite pour cela des étranglements qu'éprouvent assez souvent les couches d'anthracite dans le bassin de la Mure, car ces étranglements produisent une interruption naturelle dans la marche des dépilages.

La fig. 1, pl. III, représente dans une grande couche, dont l'inclinaison est inférieure à 45 degrés, la projection verticale des mêmes travaux préparatoires que nous avons déjà amplement décrits dans la fig. II, pl. 1, pour une grande couche dont l'inclinaison est supérieure à 45 degrés. L'amontpendage au-dessus du point A est encore de 26m40, après distraction faite des 80 centimètres de hauteur du chargeoir, qui demeurent toujours réservés, et la division en étages est la même, avec cette différence cependant, que la galerie d'allongement suivant le toit partant du point B, avec la pente ordinaire d'un centimètre par mètre, n'a été menée que jusqu'au point P à égale distance des points C et B. un autre ouvrier a été placé dans la montante C^3 C^2 C^1 C, à 50 centimètres au-dessous du point C, et a pratiqué à contre-sens, toujours avec la pente ordinaire, une autre galerie d'allongement suivant le toit C P, qui est venue communiquer avec la précédente au point P. La différence de 50 centimètres entre le point de départ de cette galerie et le niveau du point C est suffisante pour que cette communication se fasse très-convenablement, et ces inégalités dans l'épaisseur des étages ne sont pas assez considérables pour présenter des inconvénients sérieux dans les dépilages, pourvu qu'elles aient lieu insensiblement et sans escalier. Au fur et à mesure que le besoin de nou-

Travaux préparatoires dans une grande couche, dont l'inclinaison est inférieure à 45 degrés.

velles tailles a contraint à développer les travaux préparatoires, on a ainsi mené, dans toute la couche, les galeries d'allongement suivant le toit C Q et D Q, $B^1 P^1$ et $C^1 P^1$, $C^1 Q^1$ et $D^1 Q$, etc., etc.

La fig. 2, pl. III, représente encore dans une grande couche, dont l'inclinaison est inférieure à 45 degrés, à peu près les mêmes travaux préparatoires que la fig. 3, pl. I. Les petites galeries $F F^1 E$ et $F^2 F^3 E^1$ de cette dernière figure ne sont pas tracées dans la fig. 2, pl. III, parce qu'elles ne sont plus nécessaires pour la communication des diverses galeries d'allongement suivant le toit avec les montantes. L'inclinaison de la grande couche étant inférieure à 45 degrés, cette communication ne présente plus la moindre difficulté pour le parcours des travaux. On a mené carrément à la direction moyenne de la couche (fig. 2, pl. III) les traverses $B E^4$, Q R, $C E^1$, $P R^1$, $D E^3$, etc., etc., qui sont venues atteindre le mur. Ces traverses ont été reliées entre elles par des galeries d'allongement sur le mur $E^4 R$, $E^1 R$, $E^1 R^1$ et $E^3 R^1$, et ainsi de suite dans chaque étage. On a soin de donner une pente plus forte que la pente ordinaire (deux centimètres et demi par mètre), aux galeries d'allongement $E^4 R$ et $E^1 R^1$, et une pente d'un demi centimètre par mètre seulement aux galeries à contre-sens $E^1 R$ et $E^3 R^1$, afin de permettre l'écoulement des eaux et de ne pas avoir de différence de niveau aux points de jonction de ces diverses galeries sur le mur. Nous avons déjà dit à quelle condition ces différences étaient sans inconvénient dans les dépilages.

Avancements préparatoires.

L'inclinaison de la grande couche étant inférieure à 45 degrés, les traverses D E^3, P R^1, C E^1, etc., etc., seront très-longues, ce qui obligerait à placer un grand nombre de cadres au moment des dépilages qui fatiguent toujours les anthracites rapprochés d'eux. Pour éviter cet inconvénient, il faut mener, de la traverse C E^1 à la traverse P R^1, une galerie $R^2 R^3$ exactement parallèle au toit, et qui en est séparée seulement par un pilier d'environ 10 mètres d'épaisseur; et de la traverse D E^3 à la traverse P R^1, une autre galerie $R^4 R^3$ dans les mêmes conditions, et ainsi de suite dans chaque étage d'une grande traverse à une autre. Ces galeries $R^2 R^3$ et $R^4 R^3$ sont désignées, dans le bassin anthraxifère de la Mure, sous le nom d'*avancements préparatoires;* elles ont l'avantage de concentrer les dépilages dans une moindre étendue des travaux. Si le pilier compris entre les avancements préparatoires $R^2 R^3$, et $R^4 R^3$, et les galeries d'allongement correspondantes sur le mur avait beaucoup plus de 10 mètres d'épaisseur, il faudrait mener encore un second *avancement préparatoire* à 10 mètres environ du premier. Nous supposons ici que cela n'est pas nécessaire. La grande couche, dont l'inclinaison est inférieure à 45 degrés, sera encore divisée dans son amontpendage au point A, en faisant toujours abstraction des 80 centimètres de hauteur du chargeoir, en cinq étages égaux de 5m28 d'épaisseur, comme lorsque cette inclinaison était supérieure à 45 degrés. Dans chaque étage il y aura, sans interruption, une galerie d'allongement au toit et une au mur, reliées entre elles par des traverses de 25 mètres en 25 mètres. Les légères différences qui existent dans l'épaisseur des étages n'auront pas d'inconvénient dans les dépilages, parce que ces différences sont graduées insensiblement et ne présentent pas de brusques escaliers.

Dépilage dans une grande couche, dont l'inclinaison est inférieure à 45 degrés.

Nous supposons que la portion de la grande couche, qui existait au-dessus des larges piliers CBE⁴E¹ et CE¹E³D (pl. III, fig. 2), a déjà été enlevée en se conformant à notre méthode. Pour ne pas multiplier les dessins sans nécessité, nous allons, avec cette même figure, expliquer la manière de dépiler ces deux larges piliers qui n'ont par conséquent qu'une élévation ou épaisseur de 5m28 d'anthracite. Nous commençons par le pilier CE¹E³D; il faut se porter dans la traverse PR¹ qui le divise en deux parties égales, comme nous venons de le dire. L'ouvrier placé au point R¹ mènera, dans le prolongement de la direction de cette traverse, une montante sur le mur qui viendra percer dans les déblais de l'étage supérieur au point S. Après avoir communiqué dans ces déblais, il se conformera à la méthode déjà amplement décrite pour le dépilage d'une grande couche dont l'inclinaison est supérieure à 45 degrés. Il renouvellera la série alternative de petites galeries montantes et horizontales, avec cette seule différence, que ces dernières seront beaucoup plus longues, à cause de la moindre inclinaison de la couche (voir pl. III, fig. 3). L'ouvrier reculera successivement du point S en R^1, en R^3 et jusqu'au point P, en enlevant tout l'anthracite au-dessus de la traverse $S R^1 R^3 P$, sans s'occuper des piliers qui existent de chaque côté de cette traverse.

Lorsque ce dépilage commencera à s'effectuer, deux autres ouvriers seront placés dans la galerie d'allongement sur le mur aux points S^1, S^2, et mèneront les deux montantes $S^1 S^3$ et $S^2 S^4$, de manière que le pilier d'anthracite compris entre chacune d'elles et la montante $R^1 S$, aura environ deux mètres d'épaisseur. Ces deux montantes et le pilier qui est à côté seront dépilés suivant la méthode ordinaire. Au moment où les ouvriers commenceront le dépilage des montantes $S^1 S^3$ et $S^2 S^4$, deux autres ouvriers mèneront deux nouvelles montantes T et T^1 dans des conditions tout à fait analogues aux précédentes, et ainsi de suite. Deux nouveaux ouvriers seront ensuite placés dans l'avancement préparatoire aux points T^2 et T^3, et commenceront deux nouvelles traverses dites aussi *traverses préparatoires*, qui viendront communiquer dans la galerie d'allongement sur le mur, aux points S^1 et S^2. Les ouvriers qui ont commencé le dépilage des montantes $S^1 S^3$ et $S^2 S^4$, le continueront dans les *traverses préparatoires* $T^2 S^1$ et $T^3 S^2$, et ensuite dans les traverses préparatoires $T^4 T^2$ et $V T^3$, qui seront plus tard menées dans les mêmes conditions, en partant de la galerie d'allongement suivant le toit.

On voit que les dépilages iront en s'éloignant de la traverse $P R^1$ pour se rapprocher de la traverse $D E^3$ d'une part, et d'autre part de la traverse $C E^1$. Au moment où l'on commencera le dépilage du pilier $C E^1 E^3 D$, d'autres ouvriers, en se conformant à la marche que nous avons décrite, attaqueront aussi, dans la traverse $Q R$, le dépilage du pilier $C B E^4 E^1$. ces derniers iront, les uns en se rapprochant de la traverse $C E^1$, et les autres de la traverse $B E^4$. cette traverse $C E^1$ sera dépilée à droite et à gauche; il en sera de même des deux autres traverses $D E^3$ et $B E^4$, qui deviendront, chacune à leur tour, le point de pivotage d'un double dépilage à droite et à gauche. Nous avons vu que cela présentait quelques inconvénients dans une grande couche dont l'inclinaison est supérieure à 45 degrés; mais cela n'en offre aucun, lorsque cette inclinaison est moindre de 45 degrés. On peut donc, dans ce cas, enlever tous les larges piliers d'un même étage, sans avoir besoin de rien ajouter aux travaux préparatoires que nous avons décrits, ce qui permet la concentration d'un très-grand nombre d'ouvriers.

Construction de larges murailles dites *ancres*, dans le bassin de la Mure.

Lorsque les dépilages arrivent près du toit, dans une grande couche dont l'inclinaison est moindre de 45 degrés, et que le toit présente une certaine solidité, l'ouvrier devra construire, sous ce toit, une épaisse muraille en pierres sèches, en se servant des morceaux de grès qu'il pourra trouver dans les déblais. Cette muraille, désignée dans le bassin anthraxifère de la Mure sous le nom d'*ancre*, sera commencée à l'entrée des traverses P R[1] et Q R (pl. III, fig. 2), et prolongée au fur et à mesure des dépilages, à peu près sur l'alignement des piliers d'anthracite qui côtoyaient l'ancienne galerie d'allongement au toit. On peut aussi construire une autre *ancre* à côté d'une première, toujours sur le même alignement et en laissant entre elles deux une intervalle de quelques mètres. Ces ancres ajoutent considérablement à la solidité du toit et permettent de le conserver debout sur une grande étendue, malgré l'enlèvement de l'anthracite, ce qui facilite l'aérage et le parcours des travaux. La construction de ces *ancres* est également très-avantageuse dans les petites couches dont l'inclinaison est inférieure à 45 degrés.

Travaux préparatoires dans une petite couche, dont l'inclinaison est inférieure à 45 degrés.

Les travaux préparatoires, dans une petite couche inclinée de moins de 45 degrés, sont entièrement semblables à ceux d'une grande couche dont l'inclinaison est la même, sauf les deux exceptions suivantes :

1° Les galeries au rocher traversent plusieurs couches, ainsi que nous l'avons dit précédemment. Il s'en suit que, dans l'hypothèse où nous sommes placés, l'amontpendage d'une petite couche au point A (pl. III, fig. 1), est de 26^{m}40 de hauteur. Cet amont-pendage sera divisé seulement en quatre étages égaux de 6^{m}60 chacun, au lieu de cinq étages de 5^{m}28, comme dans une grande couche, en n'y comprenant pas les 80 centimètres de hauteur du chargeoir. *(Voir la note 5 ci-après.)* Il est possible de dépiler, dans une petite couche, des étages plus élevés ou plus épais que dans une grande, parce que l'ouvrier est toujours près du toit, et n'a besoin que de peu de remblais pour s'exhausser et l'atteindre. Dans une grande couche, au contraire, il faut que l'ouvrier attire à lui beaucoup de remblais, pour arriver jusqu'aux bancs d'anthracite les plus élevés de chaque étage ; et si ces étages avaient trop de hauteur ou d'épaisseur, cela ferait disparaître, dans l'abattage de l'anthracite, l'économie que présentent les dépilages, relativement aux travaux préparatoires.

Une longue expérience a appris que la dimension la plus convenable était une épaisseur de 5 mètres pour les étages d'une grande couche, et une épaisseur de 7m50 environ pour ceux d'une petite, quelle que soit l'inclinaison de ces couches. Cette plus grande épaisseur dans les étages d'une petite couche a aussi l'avantage de ne pas contraindre à traverser aussi souvent les nombreux étranglements qu'elle présente sur certains points du bassin. C'est au Directeur des mines, quand il commence une galerie de recherche, à prévoir quelle est la puissance des couches qu'il s'attend à rencontrer, et à combiner son amontpendage, de manière à se rapprocher le plus possible des dimensions que nous venons d'indiquer, en donnant comme on dit vulgairement *un coup sur la caisse et un coup sur le tambour*.

2° On pratique dans une petite couche, ainsi que dans une grande, des montantes avec la pente ordinaire, qui partent de la galerie du chemin de fer, de 50 mètres en 50 mètres; mais il n'y a qu'une seule galerie d'allongement par étage, l'épaisseur de la couche n'en pouvant comporter deux; il n'y a par conséquent point de traverse. Lorsque l'épaisseur de la couche dépasse la hauteur d'une galerie ordinaire, ces montantes et ces galeries d'allongement sont dirigées de préférence suivant le mur de la couche, afin d'avoir plus de facilité à abattre les bancs d'anthracite supérieurs. On comprend qu'en menant la galerie d'allongement, il est presque aussi difficile d'abattre l'anthracite adhérent au toit que celui qui adhère au mur de la couche. Si on mène la galerie d'allongement au mur, les bancs d'anthracite au toit étant suspendus au-dessus de cette galerie, sont plus tard obtenus bien plus aisément, avantage dont on est privé quand cette galerie d'allongement a été faite suivant le toit. Lorsque les bancs d'anthracite qui adhèrent au toit sont moins solides que le toit lui-même, il est cependant préférable de mener la galerie d'allongement directement sous le toit, parce que l'économie dans les boisages est en général plus importante que celle dans les frais d'abattage de quelques bancs d'anthracite.

D'après ces explications, et afin de ne pas multiplier les dessins, les fig. 1 et 2, pl. III, peuvent représenter la projection verticale et la projection horizontale des travaux préparatoires dans une petite couche dont l'inclinaison est inférieure à 45 degrés. Il suffit d'admettre, pour la fig. 1, qu'elle ne renferme que quatre étages égaux de 6^m60 d'épaisseur au lieu de cinq étages, parce que l'amontpendage de la couche au point A, en n'y comprenant pas les 80 centimètres de hauteur du chargeoir, ne doit être divisé qu'en quatre étages qui sont un peu plus épais; et pour la fig. 2, il faut seulement tenir compte de la galerie d'allongement sur le mur $E^4 R E^1 R^1 E^3$, ainsi que des montantes $S^2 S^4$, $R^1 S$, $S^1 S^3$, etc., etc., et regarder toutes les autres galeries d'allongement et traverses comme n'existant pas.

Dépilage dans une petite couche, dont l'inclinaison est inférieure à 45 degrés.

Nous supposons toujours que la partie de la petite couche qui était au-dessus de l'étage D C B (fig. 1 et 2, pl. III) a déjà été enlevée, en se conformant à notre méthode, et que le dépilage de cet étage a été poussé jusqu'au point D, en conservant cependant le passage dans la montante D D^1 D^2 D^3. Pour continuer ce dépilage, il faut se porter au point Q qui est à égale distance des montantes D^3 D^2 D^1 D et C^3 C^2 C^1 C. C'est au point Q que la galerie d'allongement partant du point C et celle qui est partie de 50 centimètres en contre-bas du point D sont venues se rejoindre. L'ouvrier placé à ce point Q, indiqué dans la fig. 2, pl. III, par la lettre R^1, pratiquera sur le mur de la couche et carrément à la direction de la galerie d'allongement E^1 R^1 E^3, une montante qui viendra communiquer dans les déblais de l'étage supérieur au point S. Il enlèvera ensuite, en observant les précautions précédemment indiquées, l'anthracite qui adhère au toit au-dessus de la montante R^1 S, en rétrogradant du point S au point R^1. Pendant que ce premier travail s'exécutera, deux ouvriers seront placés aux points S^1 et S^2, et pratiqueront deux nouvelles montantes S^1 S^3 et S^2 S^4, de manière que le pilier compris entre chacune d'elles et la montante R^1 S ait deux mètres d'épaisseur, et ainsi de suite. Une moitié des ouvriers reculera vers le point E^3 et l'autre vers le point E^1. on voit que de plus amples explications seraient superflues.

Quand l'anthracite est dur et que le toit est solide, au lieu de laisser un pilier entre les montantes $S^1 S^3$ et $R^1 S$, l'ouvrier placé au point S^1 mènera, de ce point jusqu'aux déblais de l'étage supérieur, une montante de 2 mètres et même de 2m50 de largeur, ayant d'un côté l'anthracite solide et aboutissant de l'autre au dépilage déjà opéré dans la montante $R^1 S$. c'est ce que les ouvriers du bassin de la Mure appellent *prendre en chemise*. Cette espèce de large galerie offre beaucoup d'avantages pour obtenir en gros morceaux l'anthracite qui est déjà dégagé d'un côté.

Dans une petite couche, on a plus de facilité que dans une grande pour se procurer une quantité considérable de morceaux de grès. On en profite lorsque l'inclinaison de cette couche est inférieure à 45 degrés, pour multiplier les larges murailles ou *ancres*, et on les prolonge au fur et à mesure que les piliers d'anthracite sont abattus, en côtoyant à une faible distance l'alignement qu'ils occupaient. Cela permet de pratiquer de grandes excavations qui rendent l'abattage de l'anthracite moins dispendieux, quand on peut les faire sans craindre des éboulements.

Travaux préparatoires dans une petite couche, dont l'inclinaison est supérieure à 45 degrés.

Nous supposons comme précédemment, qu'on est arrivé dans une petite couche inclinée de plus de

45 degrés, au point A (voir pl. III, fig. 4), par une traverse et une galerie d'allongement; que le puits A A^1 existe dans les conditions déjà indiquées; que l'amontpendage de la couche à ce point A est de 26m40, en retranchant toujours la hauteur du chargeoir qui demeure réservé, et que l'on a mené au mur de la couche la galerie d'allongement A A^2 A^3 A^4, où l'on a placé un chemin de fer. Pour pratiquer la montante B^2 B^1 B, dont la pente sera toujours de 25 centimètres par mètre, il faut au point A^2 mener dans le mur une traverse au rocher carrément à la direction de la couche. Lorsque cette traverse sera avancée environ de 3 mètres, on commencera dans le mur de la couche, et parallèlement à la galerie A A^2 A^3 A^4, une montante qui s'inclinera ensuite, de manière à rentrer dans la couche, en laissant au moins un mètre de massif d'anthracite entre elle et la couronne de cette galerie d'allongement A A^2 A^3 A^4. une fois rentrée dans la couche, cette montante la suivra jusqu'aux points B^2, B^1, B. Les mêmes précautions sont indispensables pour commencer les montantes C^2 C^1C et D^2 D^1 D. La pl. III, fig. 5, représente la projection horizontale de la galerie A A^2 A^3 A^4, où est le chemin de fer, et du commencement des diverses montantes B^2 B^1 B, C^2 C^1 C, ainsi que des embranchements de chemin de fer qu'on est obligé d'y placer.

Par les motifs que nous avons déjà donnés, l'amontpendage de la petite couche au point A, après avoir retranché la hauteur du chargeoir, sera divisé en quatre étages égaux de 6m60, et les piquets de nivellement d'étage placés aux points B^2, B^1, B; C^2, C^1, C, et D^2, D^1, D. La galerie d'allongement suivant le toit BE (pl. III, fig. 4), qui part du point B pour arriver au point E, à 5m50 de distance de la couronne de la montante C^2C^1C, peut être menée sans inconvénient, ainsi que la galerie d'étage CE^1, parce que les montantes $B^2\,B^1\,B$ et $C^2\,C^1\,C$ ne sont pas prolongées au delà des points B et C. ce prolongement serait en effet sans la moindre utilité. Il n'en est pas de même pour la galerie d'allongement $B^1\,V^1$, et quand la nécessité de préparer de nouveaux dépilages obligera à mener cette galerie, il faudra encore pratiquer à ce point B^1 une traverse d'environ 3 mètres de longueur, dans le mur de la couche, comme pour le commencement des montantes $A^2\,B^2\,B^1\,B$ et $A^3C^2\,C^1\,C$, etc., et prendre à l'extrémité de cette traverse une galerie au rocher, qui sera d'abord parallèle à la couche et s'inclinera ensuite pour y rentrer, en passant au moins à un mètre au-dessous du sol de la montante B^2B^1B. une fois rentrée dans la couche, cette galerie $B^1\,V^1$ la suivra jusqu'au point V^1, à 5m50 de la montante $C^2\,C^1\,C$, mesurés horizontalement depuis le point V^1 jusqu'à la couronne de cette montante. Les mêmes précautions sont nécessaires aux points

C^1, B^2, C^2, etc., etc., lorsqu'on voudra mener les galeries d'allongement $C^1 V^2$, $B^2 V^3$, $C^2 V^4$. La pl. III, fig. 6, représente la projection horizontale des montantes $C^1 C$ et $D^1 D$, ainsi que du commencement des galeries d'étage $C^1 V^2$ et $D^1 V^5$.

Pour bien conduire les travaux dont il vient d'être question, il est indispensable de lever des plans de toutes ces montantes et galeries d'allongement, au fur et à mesure de leur avancement. Plus tard, la facilité avec laquelle on dépile les anthracites ainsi préparés, dédommage amplement de la peine que l'on s'est donnée pour diriger ces travaux.

On comprend qu'il est très-difficile de pratiquer à la fois, sur le même point, dans l'épaisseur d'une petite couche inclinée de plus de 45 degrés, une montante et une galerie d'allongement. Cela se pourrait à la rigueur, en attaquant les salbandes du toit et du mur, et en plaçant une grande quantité d'étais. L'expérience a démontré qu'en tenant compte des frais de premier établissement et de ceux d'entretien, ce moyen est encore plus coûteux que de commencer les montantes ou les galeries d'allongement dans le mur de la couche, comme nous venons de l'indiquer. La division en étages d'une petite couche dont l'inclinaison est supérieure à 45 degrés, est ainsi semblable à la division d'une grande couche de même inclinaison, où l'on voudrait, à chaque montante de 50 mètres en 50 mètres, former un nouveau groupe ou temps de dépilage, sauf le nombre des étages qui est moindre dans la petite couche que dans la grande, et sauf encore la différence des travaux que comporte dans chaque étage l'épaisseur de la grande couche.

Les travaux préparatoires que nous venons de décrire présentent souvent des difficultés d'aérage pour les galeries d'allongement de chaque étage qui ont près de 50 mètres de longueur, et qui, à leur extrémité, auront encore des montantes d'environ 20 mètres pour commencer les dépilages. On peut toujours surmonter ces difficultés au moyen de puits qui établissent une communication, soit avec la montante la plus rapprochée, soit avec les galeries d'allongement des autres étages.

Galeries d'aérage.

Dans les couches dont l'inclinaison est inférieure à 45 degrés, il y a un autre moyen d'aérage plus simple que ces puits, qui augmentent toujours le prix d'abattage de l'anthracite, et produisent bien plus de menus que dans un dépilage. Avant l'achèvement des montantes $B^3 B^2 B^1 B$, $C^3 C^2 C^1 C$, etc., etc. (voir pl. III, fig. 1), il faut mener la galerie d'allongement d'un des étages intermédiaires, celle du deuxième étage $B^2 P^2 C^2 Q^2 D^2$, etc., ou plutôt celle du troisième étage $B^1 P^1 C^1 Q^1 D^1$, etc. Les montantes, mises ainsi en communication les unes avec les autres par cette galerie d'étage intermédiaire, peuvent aisément être prolongées jusqu'à leur extrémité supérieure. Ce moyen d'aérage est une dérogation à la règle que nous avons établie précédemment, qui veut que, dans les travaux préparatoires d'une couche, après avoir placé le chemin de fer, la première galerie d'allongement à mener soit la plus élevée, et que les autres galeries d'allongement ne soient pratiquées qu'en redescendant, au fur et à mesure des besoins; mais cette exception est suffisamment motivée par les avantages qu'elle présente. Dans les couches inclinées de plus de 45 degrés, il y aurait au contraire beaucoup plus d'inconvénients à mener cette galerie d'étage intermédiaire qu'il n'y en a dans le fonçage des puits dont il vient d'être question.

Puits d'aérage.

Comme nous l'avons déjà dit, on donne toujours à ces puits la forme rectangulaire, de manière que le grand côté du rectangle soit perpendiculaire à la direction des bancs de rocher ou d'anthracite, afin d'obtenir une plus grande solidité. Lorsqu'ils doivent avoir peu de durée, on peut les emplacer de la manière la plus commode pour la disposition des galeries; mais s'ils doivent durer longtemps, il faut mener dans le toit de la petite couche une traverse de 2 mètres de largeur; à l'extrémité de cette traverse, on fonce le puits qui ne tarde pas à rentrer dans la couche. Cette manière d'agir est encore moins dispendieuse que si l'on entamait les salbandes du toit et du mur, pour élargir la galerie et pratiquer le puits dans cet élargissement soutenu par un grand nombre de cadres. Elle a en outre l'avantage de ne gêner nullement la circulation dans une petite couche où les galeries n'ont souvent que la largeur indispensable. On se sert aussi de ces puits pour l'écoulement des eaux, ce qui rend les montantes plus commodes pour le traînage; mais il ne serait pas d'une bonne exploitation de foncer ces puits dans ce seul but, l'abattage de l'anthracite étant toujours bien plus cher pendant leur fonçage que lorsqu'on dépile ou que l'on mène une galerie ordinaire.

Dépilage dans une petite couche, dont l'inclinaison est supérieure à 45 degrés.

Nous supposons comme à l'ordinaire que la petite couche dans sa partie supérieure à l'étage D C B (pl. III, fig. 4) a été entièrement épuisée, en se conformant à notre méthode, et que cet étage D C B a lui-même été déjà dépilé jusqu'au point D, sommet de la montante $D^2 D^1 D$. Pour continuer le dépilage de cet étage, un ouvrier sera placé au point E^1 et commencera, en suivant le mur, avec une pente de 25 centimètres par mètre, une montante $E^1 U$ qui marchera parallèlement à la direction de la montante $D^2 D^1 D$, et n'en sera séparée, ainsi que nous l'avons déjà expliqué, que par un massif d'anthracite d'environ 5^{m}50 d'épaisseur. Cette montante viendra percer dans les dépilages supérieurs au point U. En approchant de ce point, il faudra placer des cadres pour soutenir la couronne de la galerie qui sera nécessairement très-mince. L'ouvrier détachera l'anthracite qui se trouvera en avant et à côté de ces cadres; il abattra soigneusement les bancs qui peuvent adhérer au mur et au toit; il enlèvera ensuite le cadre le plus avancé vers les vieux dépilages, et retirera promptement l'anthracite, en se conformant à la manière indiquée déjà précédemment et à plusieurs reprises. Le deuxième et le troisième cadre seront encore enlevés, si cela est nécessaire, pour que la couronne de la montante acquière environ un mètre d'épaisseur et présente une certaine solidité. Un barrage, semblable à ceux dont il a été bien souvent question, sera établi tout à côté du dernier des cadres conservés en place.

L'ouvrier attirera les déblais de l'étage supérieur et remblaiera environ jusqu'aux deux tiers de leur hauteur, d'abord la galerie d'allongement d'étage depuis le point U^1 distant d'environ 5 mètres de E^1, ensuite toute la montante depuis E^1 jusqu'au barrage. Ce remblaiement sera fait conformément aux prescriptions précédemment indiquées. L'ouvrier s'élèvera à partir du point U^1, avec une pente de 50 centimètres par mètre, et marchera en abattant son gradin d'anthracite, d'environ 1^{m}40 de hauteur, jusqu'à ce qu'il arrive près du barrage qu'il a établi un peu en avant de la communication avec les déblais supérieurs. Il construira dans sa montante, avec de gros morceaux de grès, ou, à leur défaut, avec des *dosses*, des marches d'escalier d'environ 50 centimètres de hauteur, et distantes l'une de l'autre de près d'un mètre. Ces marches sont nécessaires pour retenir les déblais ; elles seront faites assez solidement pour permettre encore au-dessus d'elles le passage des panières remplies d'anthracite, et ainsi de suite, jusqu'à ce que, par une succession de montantes renouvelées et exhaussées, on ait épuisé tout l'anthracite qui existait dans la petite couche, entre la montante $E^1 U$ et le prolongement de la montante $C^1 C$.

Au moment où ce dépilage sera commencé, un autre ouvrier sera placé au point E, pl. III, fig. 4, et mènera une montante $E U^2$ entièrement semblable à la montante $E^1 U$; il dépilera, de la manière qui vient d'être décrite, le pilier compris entre cette montante $E U^2$ et le prolongement de la montante $B^1 B$. Le massif d'anthracite existant au-dessus de chacune des montantes $D^1 D$ et $C^1 C$ pour les protéger et conserver les communications, sera enlevé à son tour dans des conditions analogues et aussi favorables que celles que nous venons d'expliquer. On voit que la manière d'abattre la portion de la couche comprise entre deux montantes sera toujours la même. Les étages inférieurs seront dépilés plus tard, en menant des montantes $V^1 E$, $V^2 E^1$, etc., etc., entièrement semblables aux galeries $E U^2$, $E^1 U$, et ainsi de suite.

Lorsque l'anthracite est très-dur, au lieu de marcher en montant de U^1 en E^1 et U, l'ouvrier abattra son gradin d'anthracite en descendant de U en E^1 et U^1, et en boisant derrière lui au fur et à mesure. C'est l'application du mode d'abattage que dans le bassin de la Mure on appelle *abattage de l'anthracite à gradins renversés.* Cette manière d'enlever l'anthracite peut être employée dans les grandes couches aussi bien que dans les petites. On comprend que lorsque l'ouvrier donne un coup de pic de haut en bas, ce coup produit bien plus d'effet que lorsqu'il est donné en montant ou de bas en haut. Dans le premier cas, tout le poids du pic s'ajoute à la force du coup, et dans le second, il doit en être retranché. Pour que ce mode d'abattage soit praticable, il faut que les gradins dont il s'agit soient encore séparés des dépilages supérieurs par d'autres bancs d'anthracite; car, sans cela, ces déblais supérieurs tomberaient instantanément sur l'ouvrier. Il faut en outre que l'anthracite ait une grande solidité, et n'ait besoin d'être soutenu que par un petit nombre d'étais.

NOTES.

Note 1. — Afin de ne pas gêner la circulation sur le chemin de fer dans la galerie d'allongement A A^2 A^3 A^4 (voir pl. I, fig. 2), pendant que les ouvriers chargent les *panières* remplies d'anthracite sur le wagon plat qui doit les amener au jour, on établit ordinairement entre ce chemin et chaque montante par laquelle les *panières* ont été descendues, un embranchement dont le rayon de courbure ne doit jamais être inférieur à 5 mètres. Ces embranchements sont tout à fait semblables à ceux qui sont décrits dans l'explication des travaux préparatoires d'une petite couche dont l'inclinaison est supérieure à 45 degrés. Nous renvoyons, pour plus amples détails, à la page 45 du Mémoire et à la pl. III, fig. 5.

Note 2. — Nous avons dit que les galeries pratiquées pour opérer le dépilage d'une couche avaient plus de hauteur que celles que l'on mène dans les travaux préparatoires. En effet, on donne aux premières 2 mètres d'élévation, tandis que dans les travaux préparatoires, la hauteur des galeries n'excède jamais 1m60, ainsi que cela a été déjà indiqué. Ces galeries de 2 mètres ne présentent aucun inconvénient dans les dépilages, lorsqu'on n'est pas très-rapproché du niveau des déblais supérieurs; elles facilitent l'abattage de l'anthracite en gros morceaux, et diminuent ainsi très-notablement la proportion des menus. S'il survenait quelque petite *cloche* ou éboulement, on les maintiendrait avec des boisages, et l'exhaussement graduel des travaux les ferait bientôt disparaître. Cette plus grande élévation des galeries présenterait au contraire, dans les travaux préparatoires, peu d'avantages et d'assez graves inconvénients.

Note 3. — Dans nos diverses explications sur le dépilage d'une grande couche inclinée de plus de 45 degrés, nous avons toujours supposé que les *œillets* menés dans l'épaisseur d'un pilier avaient régulièrement 1m50 de largeur, et étaient séparés l'un de l'autre par un pilier d'anthracite de 2 mètres d'épaisseur. Toute cette régularité n'est pas nécessaire, et la largeur de ces *œillets*, ainsi que l'épaisseur des petits piliers qui les séparent, peut varier depuis 1 mètre jusqu'à 2 mètres et au delà. Il n'y a qu'une seule règle certaine dans tous les dépilages : Lorsque l'anthracite est dur, il faut donner à ces œillets plus de largeur, afin de produire moins de menus dans l'abattage du combustible; et quand l'anthracite est tendre, il faut réduire cette largeur, parce que de grandes excavations ne sont pas nécessaires pour l'abattage du combustible et qu'une grande largeur dans ces œillets exigerait trop de boisages. C'est à cause de cette latitude que l'on peut toujours pratiquer le nombre d'œillets nécessaires pour l'abattage d'un pilier, quelle que soit sa longueur. Les avancements préparatoires au moyen desquels on divise un large pilier pour le dépiler, et dont il sera question ci-après, peuvent également être plus ou moins éloignés l'un de l'autre, suivant la dureté de l'anthracite.

NOTE 4. — En indiquant la manière de dépiler simultanément deux larges piliers dans le même étage d'une grande couche dont l'inclinaison est supérieure à 45 degrés, nous avons dit que la traverse CE^2 (voir pl. II, fig. 5) doit être dépilée à droite et à gauche en même temps. Pour opérer ce dépilage simultané, on pratique, le plus près possible du mur de la couche, un premier *œillet* dans l'un des deux piliers qui protégent cette galerie. On choisit de préférence celui dont l'enlèvement paraît offrir le plus de difficultés, afin de profiter du moment où la traverse conserve toute sa solidité. Cet *œillet*, à peu près semblable à celui qui a été précédemment mené entre les points J, H^4, G^1, J^1 (voir pl. II, fig. 1), sera bourré avec des déblais, et une large muraille en pierres sèches sera construite sur l'alignement des anthracites enlevés. On conservera soigneusement les boisages qui maintiennent la couronne de la traverse CE^2, et on attaquera de la même manière le pilier correspondant. On alterne ainsi à droite et à gauche par des *œillets* de 1m50 à 2m00 de largeur, en se conformant à peu de chose près à la méthode suffisamment décrite pour le dépilage de la traverse $H^2 H^3 I H^4$ (voir pl. II, fig. 1), jusqu'à ce que l'ouvrier soit revenu au toit.

Mais la difficulté dont nous nous occupons n'est pas seulement causée par l'obligation où est l'ouvrier d'abattre l'anthracite à droite et à gauche en même temps, elle provient principalement de ce que le pilier qui existe entre les deux traverses CE^2 et EB^4 a une longueur de 11 à 12 mètres et se termine en forme de prisme ou coin, recouvert par les déblais supérieurs. Ces difficultés peuvent être bien diminuées, en s'y prenant de la manière suivante.

Nous avons dit précédemment que les ouvriers chargés de dépiler les traverses $O^1 O^2$, $O^3 O^4$ (pl. II, fig. 4 et 5), menées dans la montante EO, devaient pratiquer, avec une pente conforme à celle de cette montante, les œillets nécessaires pour ces dépilages. Lorsque ces ouvriers redescendus au niveau de l'étage BCD dépileront la traverse EB^4, au lieu de mener les œillets en montant avec cette pente, ils devront d'abord les commencer horizontalement pendant environ 6 à 7 mètres de longueur. Au bout de ces 6 à 7 mètres, ils feront un escalier de 1m50 à 1m70 de hauteur; cet escalier sera ensuite nivelé avec les déblais qu'on a toujours à sa disposition dans les dépilages, et chaque œillet ramené à une pente conforme à celle de la montante EO. La couronne de ces œillets sera par conséquent exhaussée à partir de l'entrée; ils seront ensuite poursuivis jusque dans les dépilages. Les piliers à droite et à gauche de ces œillets seront aussi enlevés horizontalement jusqu'à l'escalier pratiqué au bout des 6 à 7 premiers mètres, et ils seront dépilés en se conformant aux indications précédemment données. Avec un peu de soin, tous les travaux que nous venons de décrire peuvent être conduits sans le moindre inconvénient. On comprend qu'après avoir fait disparaître au moyen de cet escalier de 1m50 à 1m70 de hauteur la partie la plus aiguë du pilier qui existait en forme de prisme entre les traverses CE^2 et EB^4, l'achèvement du dépilage dont il s'agit ne présentera plus de sérieuses difficultés.

La précaution que nous venons d'indiquer ne saurait être prise dans la galerie BE, pour commencer la montante EO, parce qu'on communiquerait dans la montante C^1C, qu'il faut au contraire conserver soigneusement. Mais l'inclinaison de cette montante, par laquelle doit plus tard être dépilé le petit massif d'anthracite compris entre sa couronne et la galerie BE, en rendra toujours l'enlèvement facile.

Note 5. — Nous avons dit bien souvent que la hauteur du *chargeoir* n'était pas comprise dans la division des couches en étages, et demeurait réservée. En effet, tous les travaux préparatoires de l'étage qui est immédiatement au-dessus du *chargeoir*, tels que traverses et galeries d'avancement au mur, sont menés au niveau même de ce *chargeoir*. Si l'on n'agissait pas ainsi, on rendrait beaucoup plus difficile le chargement des *panières* d'anthracite sur les chariots plats qui doivent les amener au jour, ce que l'on a voulu précisément éviter. Il s'en suit que la tranche de 80 centimètres d'anthracite qui, sur toute l'étendue d'une grande couche, correspond à la hauteur du *chargeoir*, ne peut être dépilée en même temps que l'étage qui lui est immédiatement supérieur. Il est de toute nécessité, dans une grande couche, de réserver cette tranche pour la division des étages au-dessous du point A et de la comprendre dans l'étage le plus rapproché de ce point, et qui sera pratiqué plus tard par une galerie en *rabaisse*. Pour faciliter le dépilage ultérieur de cet étage, dont cette tranche de 80 centimètres fera partie, il faut seulement, au fur et à mesure que l'on abat l'étage au-dessus du *chargeoir*, enlever soigneusement jusqu'au niveau du chemin de fer placé dans la galerie $A A^2 A^3 A^4$ les bancs d'anthracite qui peuvent exister entre le toit et ce chemin. L'espèce de tranchée que formera cette galerie par rapport au niveau général du dépilage, qui est, comme nous l'avons dit, celui du *chargeoir* lui-même, présentera sans doute plus tard quelques inconvénients. On les surmontera à cause de la plus grande solidité qu'offre en général dans les dépilages le voisinage du toit des couches. Ces inconvénients seront toujours moindres que ceux que l'on éprouverait à charger sur les chariots plats les *panières* d'anthracite produites par l'abattage de l'étage tout entier, si on n'avait pas ménagé un *chargeoir*.

Dans une petite couche, au contraire, la galerie d'allongement A A^2 A^3 A^4, où est placé le chemin de fer, comprend en général, au delà de l'épaisseur de cette couche, ou dans les cas les plus favorables, en absorbe la majeure partie. La facilité de terminer dans ces petites couches le dépilage de la tranche de 80 centimètres d'anthracite qui correspond à la hauteur du *chargeoir*, et les inconvénients qu'il y aurait à laisser ce dépilage inachevé, le font nécessairement comprendre dans celui de l'étage immédiatement supérieur. L'inégalité produite dans l'amontpendage des grandes et des petites couches, par l'épaisseur de la tranche d'anthracite correspondante à la hauteur du *chargeoir*, qui est ainsi tantôt comprise dans le dépilage de l'étage immédiatement au-dessus du point A, tantôt dans l'étage au-dessous, ne produira pas d'inconvénients sérieux, à cause de la différence d'épaisseur qui existe toujours, ainsi que nous l'avons dit, entre les étages des grandes et des petites couches.

Ces *chargeoirs* ont encore l'avantage de séparer, le plus promptement possible, les montantes d'avec la galerie du chemin de fer, et de donner ainsi plus de solidité aux travaux. C'est surtout dans les points de jonction de deux galeries inclinées l'une au-dessus de l'autre dans une même couche, que les anthracites demandent à être soutenus par de nombreux étais, pour qu'il n'y ait pas d'éboulement.

OBSERVATIONS GÉNÉRALES.

I. — Ce n'est qu'après des travaux de reconnaissance suffisants, tels que galeries d'allongement avec chemin de fer, montantes de 50 mètres en 50 mètres, pour donner une idée nette de la forme d'un gisement, que l'on pourra diviser une couche en étages et établir un système d'exploitation. Il ne faut jamais se presser d'installer des chantiers d'abattage au milieu d'une couche dont la forme est encore inconnue.

II. — Dans la description des travaux préparatoires dans une grande et une petite couche, nous avons toujours supposé que les montantes étaient poussées de 50 mètres en 50 mètres de distance dans tout l'amontpendage de la couche, et que dans chaque étage on menait les galeries d'allongement au toit, et en outre dans une grande couche, les galeries d'allongement au mur et les traverses. Tous ces travaux ne sont pas nécessaires, et en commençant à découvrir une couche, on doit strictement se borner :

1° A mener suivant le toit la galerie d'allongement où est placé le chemin de fer ;

2° A pousser de 50 mètres en 50 mètres de distance les montantes jusqu'à leur communication avec la galerie d'aérage ;

3° A mener au toit la galerie d'allongement du deuxième étage, ou préférablement comme nous l'avons déjà dit, du troisième étage au-dessus du chemin de fer, que nous appelons *galerie d'aérage*, parce qu'elle donne l'aérage en reliant ces montantes entre elles.

Tous les travaux qui ne sont pas indispensables pour l'aérage de la galerie où l'on place le chemin de fer, doivent être ajournés jusqu'au moment où l'on veut dépiler, on économise ainsi les frais d'entretien qui sont toujours très-considérables. C'est en outre un excellent moyen d'obtenir la concentration d'un grand nombre d'ouvriers sur un même point, lorsqu'en commençant à dépiler une couche, on peut dans un même étage ou dans l'étage immédiatement inférieur, avoir des montantes à prolonger, des galeries d'allongement à mener au mur et au toit, ainsi que des traverses ; au fur et à mesure que l'extension des dépilages le demande.

III. — Nous avons toujours supposé que les chemins de fer, les montantes destinées à faire communiquer les divers étages entre eux, et les galeries d'allongement dans chaque étage, devaient être menés au toit des couches. Lorsqu'on arrive au dépilage, ces chemins de fer, montantes et galeries d'allongement, sont les derniers travaux préparatoires à abattre. L'inclinaison du toit, sa solidité plus grande ordinairement que celle des bancs d'anthracite, protégent très-efficacement l'ouvrier et rendent ces derniers dépilages beaucoup plus faciles que si ces montantes et galeries avaient été menées au mur de la couche. Si l'on voulait fouiller des portions de couche anciennement exploitées et épuisées en partie par de vieux travaux, il faudrait au contraire mener les chemins de fer, les galeries d'allongement et montantes au mur de la couche et non suivant le toit. Dans les vieux travaux, le mur reste toujours intact, tandis que le toit est souvent rompu sur de grandes longueurs, et présente alors les plus grandes difficultés pour le suivre en galerie. Les dépilages étaient très-imparfaits dans les anciennes exploitations du bassin de la Mure, et presque toujours on avait laissé sans les épuiser les bancs d'anthracite adhérents au mur. Ces bancs donnent une grande facilité pour mener, dans ces vieux travaux, les galeries d'allongement et les montantes, et offrent en même temps une diminution considérable dans la dépense.

IV. — Au fur et à mesure que l'on pratique les

galeries d'allongement, il faut, à chaque intervalle de 6 à 7 mètres de longueur, faire des trous de sonde d'un ou plusieurs mètres de profondeur, et même donner des coups de mine dans le toit ou dans le mur, pour s'assurer que l'on n'a pas pris pour eux de simples nerfs ou lits de roches stériles. Si au lieu des véritables toits ou murs on suivait ces nerfs ou lits de roches stériles, ils feraient dévier les galeries d'allongement et les rejetteraient fréquemment au milieu de la couche; ce qui aurait de très-graves inconvénients pour la régularité des travaux préparatoires, et rendrait plus tard les dépilages bien plus difficiles.

V. — Lorsqu'on mène une galerie d'allongement au mur d'une couche, il est très-important, au fur et à mesure qu'on la prolonge, d'enlever la totalité ou au moins la majeure partie du combustible compris entre le sol de cette galerie et le mur, et qui a la forme d'une espèce de coin (voir pl. I, fig. 4). Le vide est ensuite comblé avec les menus anthracites dont on est presque toujours embarrassé dans les travaux préparatoires, ou avec des remblais. Si l'on n'avait pas cette précaution, il faudrait plus tard, en dépilant l'étage inférieur, placer un certain nombre de cadres et faire une excavation dans les déblais supérieurs à cet étage, pour enlever dispendieusement ces bancs d'anthracite adhérents sur le mur; tandis qu'on les obtient sans difficulté au moment où l'on pratique l'avancement. Dans les galeries d'allongement suivant le toit, on enlève également le combustible compris entre le toit et cette galerie jusqu'au niveau du sol. Dans le vide formé par cette petite excavation, on place les menus et les déblais que produit toujours une galerie en avançant dans l'anthracite, et l'on construit une muraille en pierres sèches pour les retenir contre le toit. Si le vide n'était pas assez grand le long du toit pour loger tous ces déblais, on donnerait une plus grande largeur à la galerie d'allongement; ce surcroît de largeur n'aurait aucun inconvénient, parce qu'il serait calculé de manière à être toujours comblé par les déblais. On évite ainsi d'extraire ces déblais hors de la mine, ce qui occasionnerait une dépense considérable.

VI. — La galerie qui doit recevoir un chemin de fer présente assez souvent une ligne anguleuse avec des courbes d'un très-faible rayon. On est alors obligé de s'écarter un peu du toit (ou du mur, si on y mène le chemin de fer), afin d'établir une direction moyenne qui présente des courbes ayant au moins 5 mètres de rayon. On se rapproche du toit de temps en temps, toutes les fois que cela est possible, et on le suit aussi exactement que le permettent les conditions que nous venons d'indiquer. Si les bancs d'anthracite ainsi laissés entre le chemin de fer et le toit ou le mur ne forment pas un volume trop considérable, on les enlève jusqu'à la hauteur de la couronne de la galerie du chemin de fer; on remplit le vide avec des déblais ou des menus, et, pour les maintenir, on construit une bonne muraille en pierres sèches, à une distance d'environ 40 centimètres des rails, et parallèlement à leur direction. Cela vaut beaucoup mieux que de laisser ces bancs d'anthracite en place jusqu'au dépilage ultérieur; mais il faut être bien assuré qu'en les enlevant, on ne produira pas des excavations trop considérables, qui entraîneraient des éboulements et nuiraient à la solidité de la galerie du chemin de fer, condition qui doit dominer toutes les autres.

VII. — Les montantes continues dans le même sens ou direction, et sans aucune partie horizontale, sont les plus commodes pour le traînage des panières. Il devient quelquefois nécessaire de pratiquer des montantes en lacet pour raccourcir ce traînage, et aussi pour apporter plus de régularité dans les travaux. Ainsi, après avoir conservé près du point X (voir pl. III, fig. 1) un pilier pour ménager l'aérage par le puits A A¹, s'il était question de dépiler dans l'étage B C D les piliers d'anthracite compris entre les points B et X, il vaudrait mieux mener la montante en lacet B² X et dépiler du point B jusqu'en X, en descendant les anthracites par la montante

XB^2, que de rétrograder du point X jusqu'en B, en faisant passer les panières dans la montante $BB^1B^2B^3$. on a encore besoin de ces montantes en lacet, quand le développement manque dans une couche, soit à cause d'un étranglement, soit à cause de vieux travaux, ou pour exploiter le sommet d'un repli. Ces lacets peuvent être pratiqués, sans inconvénient, dans les couches dont l'inclinaison est moindre de 45 degrés; ils présenteraient des difficultés et seraient très-coûteux dans les couches inclinées de plus de 45 degrés.

VIII. — Les avancements préparatoires dans une grande couche ont pour but de diviser les dépilages de cette grande couche en plusieurs sections, afin d'économiser les boisages. Nous avons dit dans les explications qui précèdent, que ces avancements préparatoires devaient toujours être menés parallèlement au toit des couches. Les dépilages sont beaucoup plus faciles lorsqu'on les commence que lorsqu'ils touchent à leur fin. On comprend qu'au fur et à mesure que les excavations se propagent et s'agrandissent, la pesanteur du toit et des déblais supérieurs se fait sentir sur les piliers d'anthracite qui restent debout, et les éprouve fortement. Le parallélisme des avancements préparatoires et du toit des grandes couches a précisément pour but de donner autant que possible à ces derniers piliers la forme carrée, celle qui leur permet le mieux de résister aux épreuves qu'ils doivent supporter.

IX. — Lorsqu'un pilier est placé horizontalement, nous avons dit que pour le dépiler, il fallait commencer à mener un premier *œillet* dans l'extrémité de ce pilier, vers le mur ou les vieux dépilages, et le deuxième œillet à côté du premier, et ainsi de suite en revenant vers le toit. Dans la pl. II, fig. 1, et les pages 20 et 21 ci-dessus, nous avons représenté dans cet ordre les *œillets* J J^1 G^1 H^4 et J^2 J^3 J^1 J, pratiqués pour commencer l'enlèvement du pilier H^2 G G^1 H^4. En s'y prenant ainsi, on abat plus facilement l'anthracite qui est déjà dégagé de deux côtés, et l'on ménage mieux la solidité du reste du pilier, observations déjà faites dans ce Mémoire. Mais lorsqu'il faut dépiler l'un des côtés d'une galerie montante, soit pour prendre de la course, soit pour tout autre motif, le pilier se trouvant alors placé en montant, au lieu d'être dans une situation horizontale, il vaut mieux pratiquer d'abord dans ce pilier l'œillet inférieur, c'est-à-dire celui qui doit être le plus rapproché du point où la galerie cesse d'être horizontale pour commencer à monter. Si l'on agissait différemment, et si l'on menait d'abord dans la montante un œillet plus élevé, une fois cet œillet bourré comme à l'ordinaire avec des menus, il faudrait soigneusement boiser celui que l'on pratiquerait immédiatement à côté et plus bas, afin de prévenir la chute des menus mobiles qui viendraient seulement d'être remblayés. Cet inconvénient est beaucoup moins grand quand on commence par l'œillet inférieur, et que l'on mène les autres en s'élevant successivement dans la galerie montante. Cette considération l'emporte sur les avantages rappelés au commencement de cette note, lorsque le pilier d'anthracite est placé horizontalement, et que les œillets sont pratiqués dans un ordre inverse.

X. — Lorsqu'on retire du dépilage de l'étage supérieur des menus pour remblayer des portions de travaux, il est essentiel de construire, à l'extrémité de la galerie montante, un barrage momentané pour éviter des avalanches de déblais. Ce barrage est fait avec une muraille en pierres sèches, au-dessus de laquelle on place en travers ou en forme de croix quelques morceaux de *dosse*, ce qui permet de proportionner l'ouverture à la mobilité des déblais. Il est très-important dans les dépilages de ne pas se laisser envahir par les déblais, autrement les anthracites seraient enfouis et on exposerait la vie des ouvriers. Quelquefois ces déblais arrivent difficilement, et il se forme en avant des dépilages de vastes chambres dans lesquelles les ouvriers doivent se garder de pénétrer ; elles s'écroulent souvent sans qu'on puisse le prévoir. Il faut alors se servir de longues perches en bois, armées à leur extrémité d'un crochet de fer, pour déterminer la chute des déblais. On comprend que s'il était resté quelques morceaux d'anthracite enfouis dans les dépilages antérieurs, ils seraient facilement obtenus, avec l'obligation où est l'ouvrier, de retirer fréquemment de grandes quantités de remblais pour bourrer les diverses galeries montantes ou œillets.

XI. — Il arrive quelquefois, au commencement d'un dépilage, qu'au moment où l'on retire les premiers cadres d'un œillet, pour faire casser les bancs d'anthracite qui séparaient ces cadres du niveau de l'étage supérieur, il tombe une certaine quantité de déblais pêle-mêle avec les anthracites, et que la taille est obstruée. On peut alors commencer immédiatement un et même deux œillets dans le bas de la galerie montante qui aboutit à cette taille, et les bourrer avec ces déblais pour s'en débarrasser. Cela n'est pas dans l'ordre régulier des travaux, tel que nous l'avons précédemment décrit, mais cela n'a pas d'inconvénients, pourvu que ces œillets, ainsi pratiqués d'avance, soient bourrés et bornés soigneusement comme à l'ordinaire avec des murailles en pierres sèches. On évite par ce moyen la dépense qu'occasionnerait l'extraction, hors de la mine, de ces déblais tombés; car il est indispensable de nettoyer la taille obstruée pour achever de la dépiler convenablement.

XII. — Dans le dépilage d'une petite couche dont le toit est ébouleux, les galeries montantes suivant l'inclinaison de la couche, et que les ouvriers appellent des *carréments*, doivent être menées avec moins de largeur, et on les boise soigneusement. Arrivé aux déblais, on retire les cadres, et le toit casse au fur et à mesure. Il est alors impossible d'établir, dans cette petite couche, ces piliers en pierres que les ouvriers appellent *ancres*. Si c'est le toit d'une couche puissante qui est ébouleux, il faut aussi donner une largeur moindre qu'à l'ordinaire aux traverses et aux œillets. Le dépilage est plus coûteux, mais on parvient encore parfaitement à l'opérer, en prenant soin de multiplier les boisages.

XIII. — Dans nos explications sur les dépilages des diverses couches, il a été fréquemment question de murailles en pierres sèches, destinées à retenir les menus anthracites et les déblais. Il est très-important d'élever solidement ces murailles sur les points indiqués, et pour y parvenir, il faut commencer leurs fondations sur l'anthracite lui-même ou le rocher, et avant tout dépôt de menus. On les exhausse ensuite au fur et à mesure que les menus anthracites ou les déblais s'exhaussent eux-mêmes; c'est le seul moyen de donner de la solidité à ces murailles. Si on les fondait sur les menus mouvants, et non sur l'anthracite solide, les fondations céderaient et les murailles s'ébouleraient lorsqu'une certaine quantité de déblais pèserait sur elles, ce qui causerait de très-graves inconvénients dans les travaux.

XIV. — On ne doit jamais permettre aux ouvriers d'introduire dans les travaux des *dosses* ou *écoins*, sans qu'ils soient sciés en morceaux de 0^m90 à 1^m40 de longueur. Cette dimension est bien suffisante pour tous les boisages ordinaires. Lorsqu'on se sert dans les galeries de morceaux d'*écoin* d'une longueur plus considérable, ils restent fréquemment engagés au milieu des menus et des déblais, à cause des difficultés que l'ouvrier éprouve ensuite pour les retirer. Cette règle souffre cependant deux exceptions : la première, lorsqu'il y a dans les dépilages quelque éboulement extraordinaire qui peut exiger, pour le réparer, l'emploi de morceaux d'écoin d'une plus grande longueur ; la seconde exception, lorsqu'il y a nécessité de faire dans une galerie montante des marches d'escalier qui occupent toute la largeur de cette montante, et qui soient assez solides pour permettre au-dessus d'elles le traînage des panières remplies d'anthracite.

XV. — Depuis plusieurs années on a adopté, dans les mines de la Mure, l'usage de la poudre pour l'abattage des anthracites. Cet emploi de la poudre produit d'excellents résultats lorsque les anthracites sont durs, et surtout lorsqu'ils sont mélangés avec des filets de grès schisteux, ce que les ouvriers du bassin appellent *charbons crasseux;* il permet d'obtenir les combustibles en gros morceaux et diminue très-notablement la proportion des menus, dont on ne peut tirer parti. L'explosion des mines a encore l'avantage de déterminer immédiatement la chute des bancs d'anthracite ou de rochers qui étaient suspendus en quelque sorte en équilibre, et d'assurer ainsi la sécurité de l'ouvrier qui se trouve nécessairement à l'écart pendant cet instant. Quand les anthracites sont tendres, l'ouvrier a plus de facilité à les abattre avec le pic qu'en se servant de la poudre.

XVI. — Le travail de nuit existe depuis 1836 dans le bassin anthraxifère de la Mure. Dans le principe, il était beaucoup plus développé qu'aujourd'hui (1859). On l'a restreint successivement parce qu'on n'a pas tardé à reconnaître, ce qui est admis partout, que le travail de nuit était plus coûteux que celui de jour. La différence est au moins de 1/9e, c'est-à-dire que la journée d'un ouvrier mineur, pendant la nuit, équivaut à peine aux 8/9e de la journée de ce même ouvrier pendant le jour. Dans nos explications précédentes, sur les divers dépilages, on a dû remarquer que les ouvriers sont toujours échelonnés les uns à la suite des autres, de telle manière que le retard d'une taille arrêterait forcément la plupart des autres et désorganiserait la majeure partie d'un atelier. Le travail de nuit est précieux pour faire avancer une taille qui menace d'être en retard ; ce travail ne suffit même pas toujours pour atteindre ce but, et il faut encore avoir recours aux journées de remplacement des ouvriers qui s'absentent, ce qui est au moins aussi défectueux que le travail de nuit lui-même.

Une longue expérience nous permet d'affirmer que le travail de nuit et les journées de remplacement doivent être maintenus dans le bassin anthraxifère de la Mure, malgré le surcroit de dépenses qu'ils occasionnent; mais il faut les restreindre aux tailles de dépilages pressées, à celles où l'on a été obligé de placer un grand nombre d'étais, et aux travaux de découverte, sans se préoccuper si un chef mineur de nuit a un nombre suffisant d'ouvriers à surveiller. Pour donner une plus forte tâche à ce chef mineur, on peut lui confier la surveillance des travaux de nuit dans deux exploitations différentes, si elles sont voisines. Le travail de nuit, réduit à cette proportion, offre de grands avantages qui compensent amplement sa plus grande cherté; mais il n'en serait pas de même, si on voulait lui donner un développement plus considérable.

XVII. — Le système d'exploitation que nous venons de décrire si longuement, a été combiné dans le but de diminuer les menus anthracites que produit le dépilage des couches, et dont les exploitants de la Mure n'ont pu jusqu'à ce jour tirer presque aucun parti. En divisant les couches en étages de 5 à 6 mètres d'épaisseur, et en découpant les combustibles dans le bas de chaque étage, pour s'élever graduellement jusqu'aux bancs supérieurs, au moyen d'excavations considérables, quoique susceptibles d'être toujours boisées, il est possible d'obtenir les combustibles avec moins de menus que si on était obligé de les abattre en galerie. Si, au lieu d'agir ainsi, on voulait pratiquer des excavations irrégulières et trop vastes pour être soutenues avec des étais, on n'arriverait à diminuer la proportion des menus qu'en compromettant des piliers considérables d'anthracite, ainsi que cela avait lieu dans les anciennes exploitations du bassin. Notre système a encore l'avantage de recevoir dans l'intérieur des travaux tous les menus, au lieu de les extraire dispendieusement au jour.

Il est aujourd'hui fortement question d'agglutiner les menus anthracites avec une certaine quantité de houille grasse ou de goudron, et d'en faire un combustible propre au chauffage des chaudières à vapeur. Lorsque les anthracites *pérat* et *grêle* auront éprouvé sur le *carreau* des mines du canton de la Mure une augmentation de prix assez considérable pour permettre aux exploitants de tirer parti de leurs menus, condition qui est loin d'exister en ce moment, nous pensons que la division des couches en étages ou tranches d'égale épaisseur, et tout le système d'exploitation décrit dans ce mémoire, seront encore conservés avec avantage. Il suffira de donner à ces étages moins d'épaisseur pour compenser l'absence des menus, qui seront alors extraits des travaux. L'expérience pourra seule indiquer dans quelle proportion la hauteur ou épaisseur de ces étages devra être diminuée. En prévision de ce changement plus ou moins éloigné, les Directeurs des mines feront sagement de se borner, dans les travaux de recherche, à pratiquer des galeries d'allongement avec chemin de fer, et des montantes de 50 en 50 mètres avec des puits d'aérage; et de ne diviser les couches en étages qu'autant qu'ils y seront contraints pour occuper leurs ouvriers.

FIN.

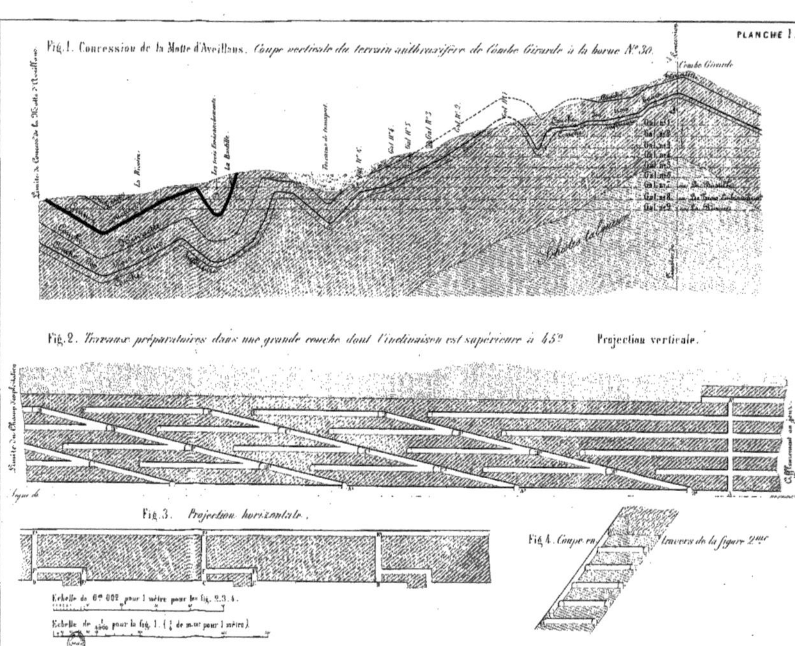
PLANCHE I.
Fig. 1. Concession de la Motte d'Aveillans. Coupe verticale du terrain anthraxifère de Combe Girarde à la borne N° 30.
Combe Girarde
Schistes talqueux
Fig. 2. Travaux préparatoires dans une grande couche dont l'inclinaison est supérieure à 45°. Projection verticale.
Fig. 3. Projection horizontale.
Fig 4. Coupe en travers de la figure 2me
Echelle de 0m 002 pour 1 mètre pour les fig. 2.3.4.
Echelle de 1/4000 pour la fig. 1. (1/4 de mm pour 1 mètre).

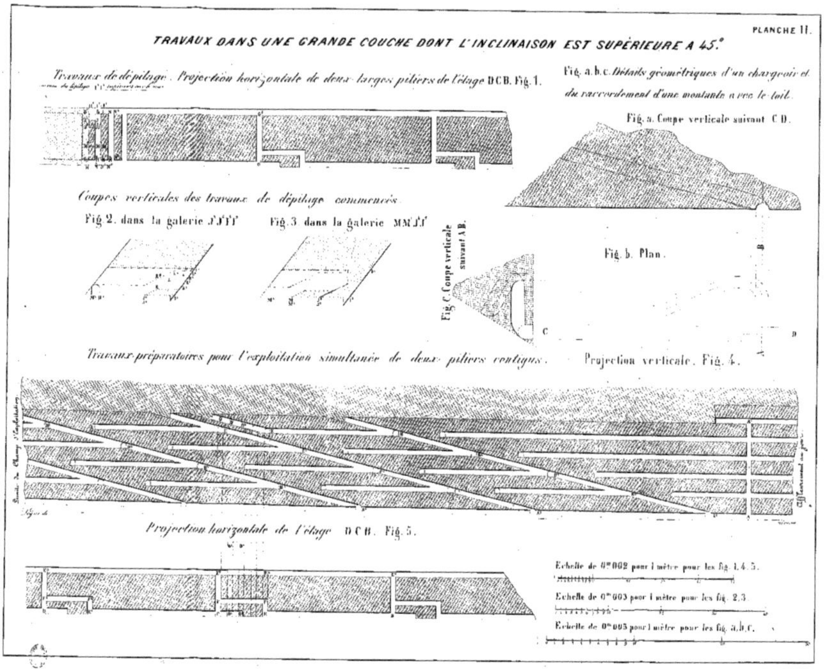

PLANCHE II.

TRAVAUX DANS UNE GRANDE COUCHE DONT L'INCLINAISON EST SUPÉRIEURE A 45°.

Travaux de dépilage. *Projection horizontale de deux larges piliers de l'étage* D C B. Fig. 1.

Fig. a. b. c. *Détails géométriques d'un chargeoir et du raccordement d'une montante avec le toit.*

Fig. a. Coupe verticale suivant C D.

Coupes verticales des travaux de dépilage commencés.

Fig. 2. dans la galerie J'J'I'I'

Fig. 3. dans la galerie M'M'J'J'

Fig. C. Coupe verticale suivant A B.

Fig. b. Plan.

Travaux préparatoires pour l'exploitation simultanée de deux piliers contigus. Projection verticale. Fig. 4.

Projection horizontale de l'étage D C B. Fig. 5.

Echelle de 0m 002 pour 1 mètre pour les fig. 1. 4. 5.

Echelle de 0m 003 pour 1 mètre pour les fig. 2. 3.

Echelle de 0m 005 pour 1 mètre pour les fig. a. b. c.

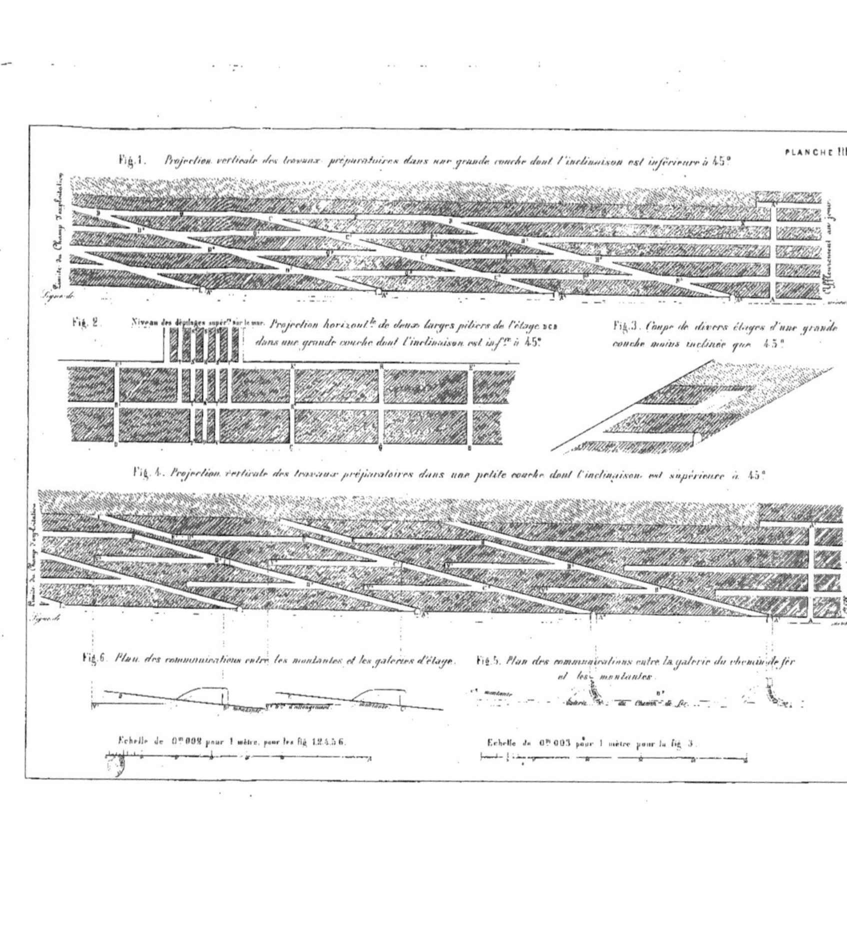
PLANCHE III.
Fig. 1. Projection verticale des travaux préparatoires dans une grande couche dont l'inclinaison est inférieure à 45°
Affleurement au jour
Fig. 2. Niveau des dépilages supér.rs sur le mur. Projection horizont.le de deux larges piliers de l'étage DCB dans une grande couche dont l'inclinaison est inf.re à 45°
Fig. 3. Coupe de divers étages d'une grande couche moins inclinée que 45°
Fig. 4. Projection verticale des travaux préparatoires dans une petite couche dont l'inclinaison est supérieure à 45°
Affleurement au jour
Fig. 6. Plan des communications entre les montantes et les galeries d'étage.
Fig. 5. Plan des communications entre la galerie du chemin de fer et les montantes.
Echelle de 0m 002 pour 1 mètre, pour les fig. 1.2.4.5.6.
Echelle de 0m 003 pour 1 mètre pour la fig. 3.

www.ingramcontent.com/pod-product-compliance
Ingram Content Group UK Ltd.
Pitfield, Milton Keynes, MK11 3LW, UK
UKHW020332250726
13967UKWH00005B/1986

9 782013 055208